축구에 관한 모든 것
10 라이벌

축구에 관한 모든 것 시리즈
10 라이벌

초판 1쇄 발행 _ 2013년 08월 20일
지은이 _ 임형철
펴낸이 _ 김명석
편집인 _ 김영세
그 림 _ 김교민
교 열 _ 박재림
마케팅 _ 김미영
제작인쇄 _ 정문사
펴낸곳 _ 도서출판 엘티에스 출판부 "사람들"
등 록 _ 제2011-78호
주 소 _ 서울시 관악구 신림동 103-117번지 5F
전 화 _ 02-587-8607
팩 스 _ 02-876-8607
블로그 _ http : //blog.daum.net/ltslaw
이메일 _ ltslaw@hanmail.net

* 이 책의 판권은 지은이와
  도서출판 엘티에스 출판부 "사람들"에 있습니다.
  양측의 서면 동의 없는 무단전재 및 복제를 금합니다.
* 저자와의 협의하에 인지는 생략합니다.
* 축구에 관한 모든 것 시리즈(전50권)는
  2014년 6월 브라질 월드컵을 전후하여 완간할 계획입니다.
* 축구에 남다른 열정을 가진 분이라면 누구나
  이 시리즈의 저자가 될 수 있습니다.

ⓒ 2013
저자 이메일 stron1934@naver.com
ISBN 978-89-97653-44-7 14690
정가 12,000원

Series
10

soccer

축구에 관한 모든것

10 라이벌

임형철 저

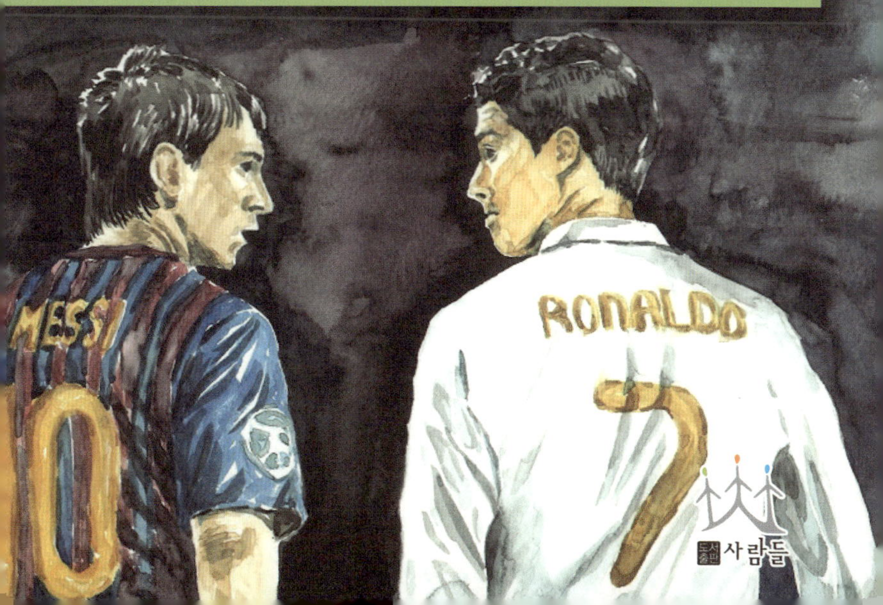

도서출판 사람들

차 례

[서문] " 라이벌, 현대 축구의 중심이 되다! "

제1장 '슈퍼매치? 엘 클라시코?' 클럽&국가 간 주요 라이벌

1. 로컬더비 ·· 14
2. 내셔널더비 ·· 82
3. 기타 주요 라이벌 ·· 119
4. 국가 간 라이벌 ·· 136

제2장 '역대 최고의 축구선수는?' 시대를 풍미한 선수들 간의 라이벌

1. 펠레 vs 디에고 마라도나(Pele vs Diego Maradona) ·················· 149
2. 요한 크루이프 vs 프란츠 베켄바우어
   (Johan Cruyff vs Franz Beckenbauer) ································ 154
3. 미셸 플라티니 vs 지네딘 지단(Michel Platini vs Zinedine Zidane) 157
4. 디에고 마라도나 vs 리오넬 메시 (Diego Maradona vs Lionel Messi)
   ·· 160
5. 호나우두 vs 지네딘 지단 (Ronaldo vs Zinedine Zidane) ··········· 164
6. 지네딘 지단 vs 루이스 피구 (Zinedine Zidane vs Luis Figo) ········ 167
7. 로이 킨 vs 패트릭 비에이라 (Roy Keane vs Patrick Vieira) ········ 170
8. 로이 킨 vs 알피 할란드 (Roy Keane vs Alf-Inge Haaland) ········· 174
9. 루드 반 니스텔루이 vs 패트릭 클루이베르트
   (Ruud van Nistelrooy vs Patrick Kluivert) ································ 178

10. 호베르투 카를로스 vs 빅상트 리자라쥐
    (Roberto Carlos vs Bixente Lizarazu) ··············· 182
11. 라데 보그다노비치 vs 샤샤 드라쿨리치 vs 데얀 다미아노비치
    (Rade Bogdanovic vs Sasa Drakulic vs Dejan Damjanovic) ······ 185
12. 호나우두 vs 안드리 세브첸코 (Ronaldo vs Andriy Shevchenko) ··· 190
13. 티에리 앙리 vs 루드 반 니스텔루이
    (Thierry Henry vs Ruud van Nistelrooy) ················ 192
14. 김병지 vs 이운재 (Kim Byung-Ji vs Lee Woon-Jae) ············· 195
15. 스티븐 제라드 vs 프랭크 램파드
    (Steven Gerrard vs Frank Lampard) ·················· 198
16. 리오넬 메시 vs 크리스티아누 호날두
    (Lionel Messi vs Cristiano Ronaldo) ················· 201
17. 사미르 나스리 vs 윌리엄 갈라스 (Samir Nasri vs William Gallas) 205
18. 이동국 vs 데얀 다미아노비치
    (Lee Dong-Gook vs Dejan Damjanović) ················· 208
19. 파트리스 에브라 vs 루이스 수아레즈
    (Patrice Evra vs Luis Suarez) ······················ 210
20. 존 테리 vs 웨인 브릿지 (John Terry vs Wayne Bridge) ········· 212
21. 존 테리 vs 안톤 퍼디난드 (John Terry vs Anton Ferdinand) ······ 216
22. 존 테리 vs 라이언 긱스 (John Terry vs Ryan Giggs) ············ 219

제3장 '누가 더 명장일까?' 라이벌 감독들   225

1. 알렉스 퍼거슨 vs 조세 무리뉴 (Alex Ferguson vs Jose Mourinho) 228
2. 아르센 벵거 vs 알렉스 퍼거슨
    (Arsene Wenger vs Alex Ferguson) ···················· 232

3. 조세 무리뉴 vs 펩 과르디올라
   (Jose Mourinho vs Jos p Guardiola) ································ 237
4. 최용수 vs 황선홍 vs 서정원
   (Choi Yong-Soo vs Hwang Sun-Hong vs Seo Jung-Won) ············ 245
5. 로베르토 마르티네즈 vs 해리 레드냅
   (Roberto Martinez vs Harry Redknapp) ······························ 248
6. 아리고 사키 vs 요한 크루이프 (Arrigo Sacchi vs Johan Cruyff) ·· 252
7. 윤성효 vs 최용수 (Yoon Sung-Hyo vs Choi Yong-Soo) ················ 255

제4장 '게임 + 방송 + SNS?' 축구를 빛나게 해주는 흥미진진한 라이벌들!

1. 박문성 vs 배성재 ·· 261
2. 피파 시리즈 vs 위닝일레븐 시리즈(pes 시리즈) ···················· 264
3. 기성용 vs 구자철 ·· 269
4. 펠레 vs 발언 당사자 ·· 270
5. 나이키 vs 아디다스 ·· 273

한국 축구에 더 많은 라이벌이 필요한 이유   275

> 필자 서문

" 라이벌, 현대 축구의 중심이 되다! "

축구를 더욱 재밌게 즐길 수 있는 방법은 없을까? 답은 의외로 간단할 수 있다. 전 세계 어느 곳에서도 '스토리'가 없는 축구는 없기 때문이다. 따라서 자신이 보는 대회나 지지하는 팀, 응원하는 선수들의 스토리를 알아가는 것, 그것이 축구를 재밌게 즐길 수 있는 쉽고 간편한 방법 중 하나가 될 것이다.

현대 축구에서 스토리텔링의 중요성은 몇 번을 강조해도 지나치지 않는다. 스토리가 없는 리그는 팬들에게 다가설 수 있는 경로의 폭이 그만큼 좁다. 재미 요소가 적은 축구는 팬들에게도 매력 없는 축구로 다가갈 것이다. 축구의 매력을 발산하기 위해 리그나 구단에서 취할 수 있는 움직임은 다양하겠지만, 그 중에서도 가장 중요한 것은 다양한 스토리를 많이 만들어내고 팬들이 스토리를 받아들일 수 있는 접근성을 향상시키는 것이다.

스토리의 대부분은 팀들 간의, 선수들 간의, 혹은 축구를 둘러싼 여러 감독이나 인물들 간의 라이벌 관계에서 형성된다. 주요 리그들을 보더라도 그러하다. 선수들 간의 다툼, 그로 인한 갈등, 지역감정, 서포터 간의 충돌 등의 요인을 통해 형성된 라이벌 관계는 리그의 스토리를 쌓아 올리게 된다.

현대 축구에서는 더 이상 경기 자체만으론 팬들의 이목을 집중시킬 수 없다. 경기의 재미 이상으로, 그 시합을 수식해 줄 수 있는 스토리의 역할이 중요해졌다. 그리고 그런 스토리의 상당 부분을 차지하는 라이벌의 중요성 역시 그만큼 중요해진 시대가 됐다. 이제 축구 팬들은 경기 그 이상을 원한다.

아는 만큼 보인다, 라는 말은 축구에서도 예외가 아니다. 〈축구에 관한 모든 것〉 시리즈의 '라이벌' 편은 이렇게 현대 축구에서 그 중요성이 점점 높아지고 있는, 축구계의 라이벌에 대한 정보를 서술한 책이다. 축구를 더욱 재밌게 즐기기 위한 방법이 축구계의 라이벌에 대한 올바른 이해인 만큼, 그들의 관계를 중점적으로 다룬 이 책이 축구팬들에게 축구를 바라보는 시야를 더욱 넓혀줄 수 있는 가이드북의 역할을 해주었으면 하는 바램이다.

제1장
'슈퍼매치? 엘 클라시코?'

클럽&국가 간 주요 라이벌

제1장 '슈퍼매치? 엘 클라시코?' 클럽&국가 간 주요 라이벌

클럽 간의 라이벌은 축구계의 '맞수'관계에서 가장 많은 비중을 차지한다. 클럽 간의 라이벌 관계에는 흔히 '더비'라는 명칭이 붙여진다. '더비'란 말은, 19세기 중엽, 영국 런던 북서부의 소도시인 더비(derby)에서 베드로(St. Peters)팀과 세인트(All saints)팀이 기독교 사순절 기간 동안 열렸던 축구 경기에서 유래됐다. 당시 두 팀의 경기가 인기를 끌기 시작하면서부터 클럽 간의 라이벌 매치는 '더비 매치'라는 명칭으로 불렸다.

더비 매치는 '로컬 더비'와 '내셔널 더비'로 나눌 수 있다. '로컬 더비'는 같은 곳을 연고로 하는 클럽 간의 라이벌 매치를 의미하는데 이는 전 세계의 더비 매치 중에서 가장 많은 비중을 차지한다. '내셔널 더비'는 한 나라를 대표하는 두 팀이 맞붙는 라이벌 매치를 의미하며 강한 전력을 가진 팀들 간의 맞대결일 가능성이 높다.

제 1장에는 클럽 간 그리고 국가 간의 라이벌 관계를 담

았다. 전 세계의 치열한 더비 매치의 세계로 독자 여러분을 안내하고자 한다.

1. 로컬더비

아테네 더비 (올림피아코스 FC vs 파나시나이코스 / 그리스)

모든 축구팀에게 '그리스 원정'은, '위험한 여정'으로 알려져 있다. 챔피언스리그나 유로파리그, 혹은 각 대륙컵 대회에 출전하여 그리스 원정을 떠난 팀들은 늘 어려움을 겪는다. 맨체스터 유나이티드나 FC 바르셀로나 같은 세계적인 강호들도 예외는 아니다. 그리스 사람들의 축구에 대한 뜨거운 관심과 응원 열기가 그만큼 대단하기 때문이다.

그리스에는 수많은 더비가 있다. 그리고 이들 시합 모두가 그리스 사람들의 축구에 대한 열정을 보여 준다(물론, 그 지나친 '뜨거움'으로 인해 때때로 다소 폭력적이고 위험한 장면을 연출하기도 하지만). 그 중에서도 그리스 자국을 넘어 세계 축구사적으로도 순위권에 꼽을 만한 대표적인 더비 매치가 있는데, 바로 올림피아코스와 파나시나이코스가 맞붙는

'아테네 더비'가 그것이다. 두 팀은 모두 수도 아테네를 연고로 하는 팀으로, 만날 때마다 치열한 로컬 더비를 치른다.

 '아테네 더비' 중에는 전쟁을 방불케 하는 격렬한 장면들이 자주 연출된다. 경기가 열리는 날, 양 팀 서포터는 결코 얌전하게 머물러 있지 않는다. 홈 팀 팬들은 경기가 시작되기도 전에 원정 팀 선수와 심판들에게 강한 압박감을 선사하고, 원정팀 팬들 역시 그 기세에 지지 않으려 노력한다. 이 때문에 그리스 현지에서 아테네 더비는 '영원한 적들의 더비(Derby of the eternal enemies)', '모든 전쟁의 근원(Mother of all battles)' 등의 별칭으로 불리기에 이르렀다.
 그러한 아테네 더비에 또 다른 별칭을 지어준다면 '홍염

더비'라는 이름을 붙여주고 싶다. 경기 때마다 터지는 자욱한 홍염이 만들어내는 분위기가 일품이기 때문이다. 아테네 더비가 연출해내는 전쟁과도 같은 분위기는 홍염이 만들어내는 시각적인 효과 덕분이다. 홍염이 피어오르면 관중들이 관전에 지장을 받을 정도로 경기장 전체가 연기로 뒤덮인다. 그리고 그러한 분위기는 홈 팀 선수들에겐 긴장감을, 원정 팀 선수들에겐 위협감을 안겨준다. 일부 국가에서는 안전상의 문제로 경기장에서의 홍염과 폭죽 사용을 금지하고 있지만, 아직 그리스에서는 그에 대한 제재를 가하지 않기 때문에 실현 가능한 장면이기도 하다.

두 팀이 서로 앙숙이 된 가장 큰 이유는 아무래도 같은 아테네 지역을 연고로 하고 있다는 점 때문일 것이다. 동일한 지역이 서로의 연고지라면 양 팀 간의 자존심 싸움이 치열해질 수밖에 없다. 거기에 올림피아코스 팀의 창단 과정에서 '굴욕'을 맛본 파나시나이코스 팬들의 입장이 더해졌다. 파나시나이코스 팬들의 굴욕이라니, 도대체 그들에게 무슨 일이 벌어졌던 것일까?

파나시나이코스는 본래 아테네 지역의 상류층이 기반이 되어 창단된 클럽이었다. 올림피아코스보다 20여 년 먼저 창단되었고 상류층의 후원과 재정적인 지원에 힘입은 덕으로, 파나시나이코스가 곧 아테네를 대표하는 팀으로 존재할 수 있었다. 그러나 결정적으로 파나시나이코스는 아마추어 축구팀에 머문 채 프로팀으로 승격하지 못하고 있었다. 이에 파나시나이코스의 팬들은 자신들 팀의 프로 승격을 강력하게 요구했지만, 정작 아테네 시에서는 그들의 목소리를 묵살

한 채 올림피아코스라는 새로운 팀을 창단해 그 팀을 프로 팀으로 승격시켰다. 당연히 파나시나이코스는 찬밥 신세가 되었고, 파나시나이코스의 팬들의 저항이 시작됐다.

하지만, 새로운 팀의 창단에 아테네의 노동자층들은 열광했다. 기존의 파나시나이코스 팀에는 일반 시민들이 쉽게 접근할 수 없었지만, 새로 창단된 올림피아코스는 얼마든지 자신의 팀으로 응원할 수 있었기 때문이다. 이렇게 파나시나이코스가 상류층의 팀으로, 올림피아코스가 노동자층의 팀으로 자리잡아가면서 두 축구팀 간의 맞대결은 아테네 시의 두 계층 간 대립의 장으로까지 번져나가게 되었다.

히스토리가 없는 라이벌 관계는 더비 매치로 인정받기 어렵다. 오랜 시간 서로 쌓아온 맞수로서의 역사가 있어야 더비 매치는 그 진가를 발휘할 수 있다. 마찬가지로 아테네 시를 연고로 하는 AEK 아테네 FC와 파니오니오스 FC의 경기가 '아테네 더비'로 인정받지 못하는 이유는, 올림피아코스와 파나시나이코스가 보여준 만큼의 앙숙 관계로서의 역사가 없기 때문이다.

동해안 더비[영남 더비, 7번 국도 더비]
(포항 스틸러스 vs 울산 현대 / 대한민국)

포항 스틸러스와 울산 현대의 더비 매치를 가리키는 명칭들은 다양하게 존재한다. '동해안 더비'나 '영남 더비'로 불리기도 하고, 울산과 포항이 모두 7번 국도에 속해 있는 지역이라는 이유로 '7번 국도 더비'라 부르기도 한다.

현존하는 국내 축구 더비 중 가장 오랜 역사를 자랑하는 동해안 더비는 1984년부터 시작되었다. 두 팀의 연고지가 다른 만큼 로컬 더비라 부르기엔 무리가 따르지만, 인접한 동해안 지역에 위치한 팀들이라는 사실로부터 라이벌 의식이 파생된 만큼 로컬 더비의 성향을 띠고 있다.

동해안 더비의 주인공, 포항과 울산을 응원하는 두 팬들은, 모두 '김병지의 저주'를 기억한다. 포항과 울산은 1998년 K리그 플레이오프 2차전에서 K리그 역사상 최고의 경기로 손꼽히는 희대의 명경기를 펼쳤다. 당시 김병지는 울산의 골키퍼로 활약하고 있었다.

2012 시즌 '경남 FC'에서의 김병지 골키퍼

사실 두 팀은 플레이오프 1차전에서도 엄청난 명승부를 펼친 상태였다. 후반 45분 이후에만 4골이 터져 나온 그 승부를 통해 근소한 우위를 점한 팀은 3-2로 승리한 포항이었다. 그리고 2차전 경기가 펼쳐졌다. 경기는 후반 막판까지 1-1로 진행되고 있었고, 이대로라면 포항이 1승1무를 기록하며 승리자로 남게 될 터였다. 후반, 45분 울산이 프리킥 기회를 잡자 골키퍼였던 김병지가 과감히 앞으로 뛰어나왔다. 김현석이 찬 공이 그의 머리를 맞고 방향을 바꾸더니 이내

골네트를 뒤흔들었다. '골 넣는 골키퍼' 김병지의 과감한 헤딩이 승부를 가른 것이다.

이후 승부차기에서 울산은 이미 심리적으로 무너진 포항을 상대로 4-1 승리를 거두면서 챔피언결정전 티켓을 따냈다. 비록 챔피언결정전에선 수원에 0-1로 패해 트로피를 내줘야 했지만, 이 플레이오프 2차전은 명승부로 회자되고 있다. 이날 김병지의 헤딩골 장면은 '역사적인 장면'이라고 부를 수 있을 정도로 강렬한 인상으로 남았다.

이렇게 양 팀의 운명을 가른 김병지는 또 한 번 동해안 더비의 '원탑 주인공'이 된다. 울산의 김병지가, 다른 팀도 아닌, 포항으로 이적하게 된 것이다. 그렇게, 김병지의 앞에 '울산' 대신 '포항'이 붙게 되면서 동해안 더비 매치는 더 뜨거워졌다. 게다가 포항 스틸러스의 유니폼을 입고 동해안 더비에서 맹활약을 펼친 김병지 덕분에 울산은 포항만 만나면 이기지 못하는 징크스까지 얻게 되었다. 이를 두고 축구팬들은 울산이 '김병지의 저주'에 걸렸다고 말하기에 이르렀다.

이렇듯 동해안 더비는 인접한 연고지 뿐 아니라 김병지라는 선수가 만들어낸 다양한 스토리로 인해 더욱 뜨거워졌다.

그리고 2010~2011년, 동해안 더비의 두 팀은 김병지에 이은 또 다른 '주인공'을 맞이하게 된다. 이번엔, 설기현이었다. 설기현은 오랜 해외 활동을 마치고 2010년 포항 스틸러스에 입단했다. 그러나 설기현은 시즌 내내 기대에 미치지 못하는 성적을 보였고, 특히 AFC 챔피언스리그 8강 조바한 전에서 결정적인 기회를 허망하게 날려버리면서 단숨에 워스트 플레이어로 등극했다.

포항 스틸러스에서 활약하던 설기현. 비록 불안정한 입지와 계약 만료로 인해 팀을 떠나게 되었지만, 그에게 아낌없는 애정을 보여준 포항 팬들의 입장에서는 라이벌 팀으로의 이적이 무엇보다도 아쉬울 수밖에 없었다.

(사진 : soccernet-asia)

하지만 포항팬들은 프리미어리그에서도 활약한 바 있는 설기현에 대한 기대를 쉽게 저버리지 않았다. 한 시즌 내내 좋지 않은 모습을 보였음에도 그를 향한 믿음은 강했고, 시즌이 끝난 겨울에는 설기현의 생일상까지 선물해주는 등 식지 않은 애정을 보여주었다. 설기현도 이런 팬들의 성원에 고마움을 느끼며 다음 시즌에도 포항에서 뛰겠다는 의지를 밝히기도 했다.

그러나 설기현은 시즌을 코앞에 둔 시점에서 팀을 떠났다. 그의 행선지는 울산이었다. 포항 팬들은 설기현이 팬들의 사랑을 먹고 튀었다며 비난했다.

　시즌이 시작되고 설기현은 울산 유니폼을 입은 채로 포항의 홈구장인 스틸야드를 방문했다. 분위기는 심상치 않았다. 포항 팬들은 설기현이 공을 잡는 내내 야유를 보냈고, 그에 대한 비난도 서슴지 않았다. 설기현을 비난하는 내용이 담긴 수많은 걸개 중에는 유독 눈에 띄는 걸개가 있었는데 바로 설기현을 향한 포항 팬들의 대금 청구서였다.

　대금 청구서에는 포항이 그에게 지불했던 연봉과 전지훈련비, 재활비용, 아직 남은 유니폼 재고, 조바한 전 정신적 피해와 더불어 생일 케이크에 대한 보상까지 청구되어 있었다. 그렇게 포항팬들은, 설기현으로부터 14억원 이상을 돌려받아야 한다고 주장하고 있었다. 이후 동해안 더비에는 '설기현 더비'라는 또 다른 별칭이 붙었다.

서울과 수원의 슈퍼매치가 팬들은 물론 언론의 많은 관심을 받는 것과 비교했을 때, 동해안 더비는 언론으로부터 큰 조명을 받지 못하고 있다. 언론이나 중계를 통한 노출이 많지 않아 일부 축구 팬들에게는 동해안 더비가 생소하게 느껴질지도 모른다. 하지만 경기장을 찾은 축구팬들은 안다. 동해안 더비가 펼쳐지는 경기장에서는 말로 표현 못할 긴장감이 흐른다는 사실을. 그럼에도, K리그에서 가장 오랜 역사를 자랑하며 다양한 스토리를 담고 있는 멋진 더비 매치가 홍보 부족으로 크게 알려지지 못하는 현실엔 여러모로 아쉬움이 남는다.

북독일 더비[노르트 더비]
(함부르크 SV vs SV 베르더 브레멘 / 독일)

손흥민, 구자철, 지동원 등이 좋은 활약을 펼쳐 보이면서 분데스리가에 대한 국내 팬들의 관심도 나날이 높아지고 있다. 그 덕분에, 분데스리가에서 라이벌 관계를 이루고 있는 팀들 간의 더비 매치 역시 조금씩 알려지고 있는 추세이다. 가장 먼저 언급할 두 팀은 북독일 지역을 대표하는 함부르크 SV와 SV 베르더 브레멘으로, 두 팀 간의 시합은 '북독일 더비'라고 불린다.

광역 도시권을 연고로 하는 두 팀은 거리상 매우 가까이 위치해 있다. 두 팀의 라이벌 의식 역시 거기서부터 시작됐다. 특별한 역사나 스토리 없이 지리적으로 인접해 있다는 사실만으로도 양 팀 팬들의 열기는 뜨거워질 수 있었다.

본래 북독일 더비는 온화한 분위기 속에서 서로 간의 존중을 중시하며 펼쳐졌다. 그 지방의 최고 팀이 누구인지 가리자는 자존심 싸움은 존재했지만, 분위기가 그렇게까지 과열되지 않았다. 하지만, 1982년 '라이온즈'로 알려진 함부르크 팬의 소모임이 브레멘의 팬 한 명을 살해한 사건이 벌어지면서 모든 것이 달라졌다. 이 일은 독일 축구 역사상 팬들 간의 충돌로 인해 사망자가 나온 첫 사건으로 기록되며 북독일 더비는 오점을 남기게 되었다.

최근 북독일 더비의 두 팀은 분데스리가에서 안정적인 입지를 자랑하고 있다. 베르더 브레멘과 함부르크 모두 리그 내에서 강팀으로서의 자리를 굳히고 있다. 상황이 이렇다보니 북독일 더비는, 북독일 지역의 'NO.1'을 가려내는 자존심 싸움을 넘어 리그 상위권의 판도를 요동치게 만들 수도 있는 중요한 시합으로서의 역할 역시 담당하게 됐다. 그렇기에, 북독일 더비의 승자가 되기 위한 양 팀의 의지는 대단하다. 하지만 그들을 응원하는 팬들은 또 한 번 이전과 같은 불명예스러운 일이 발생할지도 모른다는 우려에 지나친 과열 양상은 피하려 노력한다.

레비어 더비[루르 더비]
(보루시아 도르트문트 vs FC 샬케 04 / 독일)

 '레비어 더비'는 독일의 루르 지방을 연고로 하는 두 팀, 도르트문트와 샬케 04의 맞대결을 뜻한다('레비어'란 루르 지방의 명칭에서 유래한 단어이다). 북독일 더비와 마찬가지로, 레비어 더비 역시 레비어 지방의 최고 팀을 가려내기 위한 자존심 싸움인 동시에 리그에서 강팀으로서의 입지를 굳히기 위한 관문이 되기 때문에 그 중요도와 열기가 점점 높아지고 있는 추세다.

 레비어 더비에는 일종의 징크스가 있다. 레비어 더비에서 우위를 점한 팀이 리그에서도 상승세를 타게 되어 독일 축구의 패권을 쥔다는 것이 그것이다. 더 재밌는 점은 승리 팀이 상승세를 타는 동안 패한 팀은 이상하리만큼 부진한 시즌을 보내게 된다는 것이었다.

 양 팀의 맞대결은 1925년부터 시작됐다. 당시 샬케 04는 '샬케 크라이젤(팽이)'이라 불린, 특유의 빠른 패스플레이를 통해 도르트문트와의 맞대결에서 절대적 우세를 차지했는데 그 기간이 20여 년 이상 지속될 정도였다. 이 시기 샬케는 루르 지방의 NO.1팀이었으며, 또한 독일 축구의 주도권을 잡고 있는 팀이었다. 당연히 도르트문트는 언제나 그 아래에 위치한 팀으로 존재할 수밖에 없었다.

그러나 그러한 흐름은 1947년 5월18일에 열렸던 베스트팔렌 챔피언십을 통해 변화를 맞이한다. 도르트문트가 샬케 04를 상대로 3-2 승리를 거두며, 오랜 무승 행진을 끊은 것이다. 이날의 패배 이후로 항상 최고에만 머무를 것 같던 샬케 04의 상승세에도 제동이 걸렸고, 도르트문트는 상승세를 이어가 팀 창단 이래 최초의 전성기를 맞이했다. 수차례의 토너먼트에서 우승을 차지했고, 이후 있었던 13번의 레비어 더비 중 9번을 승리로 장식했다. 그 기세를 이어나간 도르트문트는 1963년 분데스리가가 출범한 이후에도 루르 지방을 대표하는 최고의 클럽으로 자리 잡았다. 이는 레비어 더비의 흐름을 잡은 것에 대한 보상이었다.

그러나 1968년 레비어 더비에서 샬케 04에게 패한 이후, 도르트문트는 다시 주도권을 내주고 말았다. 비록 당시 샬케 04가 많은 토너먼트에서 우승을 차지했던 건 아니지만, 도르트문트는 이보다 더한 슬럼프를 겪게 되었으며, 루르 지방을 대표하는 클럽은 샬케의 차지가 되고 말았다.

이후에도 도르트문트와 샬케는 레비어 더비에서 오랫동안 흐름을 나눠가졌다. 레비어 더비에서 흐름을 잡은 팀은 항상 독일 축구를 주도해나갔다. '레비어 더비의 공식'은 시간이 흘러도 지켜졌다. 2000년대 후반부터 독일 축구를 주도해오고 있는 도르트문트의 현재 모습 역시 레비어 더비의 흐름을 잡은 보상의 결과라 할 수 있다.

　레비어 더비가 벌어질 때면, 도르트문트 팬들은 샬케 팬들을 향해 노래를 불러준다. 물론 그들이 듣기에 기분 좋은 노래는 아니다. 그 노래엔 샬케 04의 '50년 리그 무관' 기록을 조롱하는 내용이 담겨 있다. 샬케 팬들은 그 노래를 들을 때마다 격분한다. 특히 지난 2007년, 우승권에 근접해 있던 샬케가 라이벌 도르트문트에게 발목을 잡히는 바람에 눈앞까지 온 우승트로피를 놓치게 되면서 샬케팬들에게 그 노래는 더더욱 심장을 후벼 파는 리듬이 되어버렸다.

　2007년 당시 도르트문트는 강등권에 머물고 있었다. 오랫동안 레비어 더비의 승자는 샬케였고, 도르트문트는 2005년도에 앞선 7년간의 무승 행진을 잠깐 끊었던 것이 전부였다. 하지만 2007년에 열린 레비어 더비에 임하는 도르트문트 선수들의 각오는 남달랐다. 라이벌 팀인 샬케의 우승을 저지하겠다는 전략이었다. 그들은 경기장에서 필사적으로

부딪혔고, 결국엔 레비어 더비에서 승리했다. 이 날의 승리로 자신감을 얻은 도르트문트가 이후 오랫동안 상승세를 이어가며 오늘날과 같은 도르트문트로 새롭게 태어났다.

경기가 끝난 뒤, 도르트문트 팬들의 모습은 어느 때보다도 유쾌했다. 라이벌 팀 샬케의 우승을 막아 세운 걸 자축하며 샬케를 조롱하는 내용이 담긴 유니폼을 판매했다. 도르트문트 팬들은 모두 이 유니폼을 입고 샬케의 50년 리그 무관 기록을 노래했다. 그러니 샬케 팬들의 속이 어찌 부글부글 끓어오르지 않았으랴?

샬케 04가 리그를 우승하기 위해서는 일단 오랫동안 뒤지고 있는 레비어 더비에서의 흐름을 되찾아 와야 할 것이다. 최근 도르트문트는 분데스리가를 주도하는 세계적인 강팀이 되었지만, 샬케는 이들을 넘어선 또 하나의 강호가 되어야만 하기 때문이다.

모스크바 더비
(CSKA 모스크바 vs FC 스파르타크 모스크바 / 러시아)

모스크바는 많은 축구팀을 소유하고 있는 도시로 유명하다. 10개 팀 이상이 존재하는 런던에 비할 바는 아니지만, 모스크바에도 5개나 되는 축구팀이 있다. 그 중에서 가장 인기 있는 두 팀을 꼽자면 단연 CSKA 모스크바와 FC 스파르타크 모스크바인데, 이들의 맞대결은 모스크바 지역의 로컬 더비로 많은 관심을 모으고 있다.

CSKA 모스크바는 1901년 군인들이 주축이 되어 창단됐다. 창단과 동시에 좋은 성적을 이어갔지만, 군인들 위주로 꾸려진 팀 성향 때문에 사람들에게 쉽게 인기를 얻진 못했다(소련 정부와의 연관성이 적다는 점도 한 가지 이유였다).

결국 21년 뒤인 1922년, CSKA 모스크바의 이런 단점을 보완하기 위해 같은 모스크바를 연고로 한 FC 스파르타크 모스크바가 창단되었다. 쉽게 인기를 얻지 못하던 CSKA 모스크바에 비해 스파르타크 모스크바는 빠른 시간 내에 많은 사람들의 인기를 얻었고, 단숨에 러시아에서 가장 인기 있는 클럽으로 성장할 수 있었다. 그런 스파르타크 모스크바를, CSKA 모스크바의 관계자와 팬들은 좋지 않은 시선으로 바라보았다.

지역적인 차이로 인해 빚어진 양 팀 간의 문화 차이는 갈수록 벌어졌다. CSKA 모스크바의 팬들은 대부분 모스크바의 북서쪽에 거주하고 있고, 스파르타크 모스크바의 팬들은 그보다 더 넓은 북동쪽 지역 및 남쪽 지역에 광범위하게 위치했다. 같은 모스크바를 연고로 하지만, 두 팀의 성격은 확연하게 갈라졌다. 때문에 상대팀이 유지해온 응원 방식 및 팬 베이스 등의 고유문화에 적지 않은 이질감을 느낀다고 한다.

　모스크바에는 수많은 축구팀이 있다. 하지만 CSKA 모스크바와 스파르타크 모스크바간의 맞대결만이 '모스크바 더비'로 인정받는다. 모스크바 지역 내 압도적인 팬 베이스를 자랑하는 두 팀이고, 그만큼 리그 내에서의 경쟁력 또한 최고 수준이기 때문이다.

올드 펌 더비[글래스고 더비]
(셀틱 FC vs 레인져스 FC / 스코틀랜드)

'올드 펌 더비'는, 기성용과 차두리가 셀틱 FC에서 활약한 적이 있었던 덕분에 국내 팬들에게도 잘 알려져 있는 스코틀랜드 리그의 대표적인 더비로 셀틱과 레인저스의 경기를 일컫는다. '올드 펌'은 스코틀랜드어로 오랜 동료를 뜻하는데, 창단 이래 120년이 넘는 기간 동안 맞대결을 펼쳐온 스코틀랜드의 두 대표 클럽 셀틱과 레인저스의 관계를 잘 보여주는 재미난 비유이다.

셀틱과 레인저스는 나란히 글래스고 지역을 연고로 하고 있고, 리그가 진행된 대부분의 기간 동안 우승과 준우승을 나눠가진 스코틀랜드 축구의 양대 산맥이다. 로컬 더비이자 내셔널 더비의 성향을 띄고 있는 올드 펌 더비는 120여 년의 역사 동안 약 400경기 이상의 맞대결을 펼쳐왔고, 그만큼 다양한 에피소드를 담고 있다.

두 팀 중 먼저 창단된 클럽은 레인저스 FC였다. 레인저스는 1872년 글래스고를 연고로 창단되었는데, 창단과 동시에 글래스고를 대표하는 최고의 클럽으로 성장하게 되면서 지역민들의 많은 지지와 응원을 한 몸에 받아왔다. 그러나 영원히 글래스고의 대표 클럽으로 앞서갈 것만 같던 레인저스의 흐름에 제동을 건 팀이 등장했다. 1881년 창단된 셀틱 FC가 그 주인공이었다. 셀틱은 글래스고로 이주해 온 아일랜드인을 기반으로 창단되었는데, 이 때문에 레인저스는 셀틱을 '이방인들로 이루어진, 외계에서 온 클럽'이라며 비꼬았고, 셀틱 역시도 자신들을 비하하는 레인저스에게 반발하며 충돌하기 시작했다.

사실 스코틀랜드와 아일랜드의 사이는 원래부터 좋지 않

았다. 정확히 말하자면, 영국의 국가들과 아일랜드 간의 사이가 좋지 않다고 표현하는 것이 더 옳다. 아일랜드는 1534년부터 400년 가까이 잉글랜드의 식민 지배를 받아왔다. 그동안 잉글랜드가 웨일스, 스코틀랜드를 차례대로 정복, 통합하며 영국을 만들어냈고, 식민 지배를 당하던 동안 잉글랜드가 속한 영국으로부터 수차례의 억압과 차별에 시달려오며 아일랜드는 영국에 대한 반감을 가지고 있었다.

1920년 아일랜드는 자신들과 종교가 달랐던 북아일랜드와 분리됐고, 이후 영국으로부터 독립을 얻어내며 독자적인 나라로 인정받게 되었다. 아일랜드인들은 자신들을 오랫동안 지배했던 영국 국가들에 대한 반감이 심했고, 영국인들은 여전히 아일랜드를 향한 무시와 차별의 눈길을 가지고 있었다.

글래스고의 대표팀으로 성장해가고 있던 레인저스와 그 팬들의 눈앞에, 그동안 열등하게 생각해 온 아일랜드인들을 위해 창단된 셀틱이 새로운 클럽으로 등장했으니 창단 초기부터 감정이 좋을 리 없었다. 종교에 대한 입장도 라이벌 의식에 큰 원인으로 작용했다. 레인저스는 창단과 동시에 스코틀랜드계 개신교 신자들을 중심으로 팬 층이 이루어졌는데, 아일랜드 이주민들을 위해 창단된 셀틱은 주로 아일랜드계 가톨릭 신자들을 주된 팬 층으로 삼았다. 이 때문에 올드 펌 더비에서는 최근까지도 종교적인 성향 때문에 셀틱의 서포터들은 아일랜드의 국기를 흔들고, 레인저스의 서포터들은 영국 국기를 흔드는 장면을 목격할 수 있다.

 정치적, 종교적, 역사적, 민족적으로 큰 차이를 보였던 두 팀은 시간이 갈수록 상반된 입장을 드러내기 시작했고, 결국 양 팀 팬들 간의 충돌로까지 이어지게 되었다. 이 과정에서 많은 사상자가 발생했고, 장내와 장외를 둘러싼 폭력 사태도 잇따랐다. 올드 펌 더비는 단순한 축구 경기 그 이상을 넘어 전쟁 같은 분위기를 연출하게 되었다. 만나기만 하면 숱한 사상자와 사건, 사고를 만들어 낸 두 팀의 라이벌 의식은 시간이 지나도 유지된 채 잦아들지 않았다.

 팬들이 연출해낸 이런 분위기는 그라운드에까지 고스란히 전달되었다. 선수들의 거친 플레이가 이어지며 카드와 부상자가 속출했다. 선수들이 공보다도 상대팀 선수의 다리를 노리는 등 상식 밖의 거친 태클들이 자행되며 경기장은 폭력과 충돌만이 가득한 싸움터의 장소로 변질되기에 이르렀다.

결국 올드 펌 더비의 폭력성은 스코틀랜드 사회 전체의 문제점으로 이슈화되었다. 자정 노력 등의 일환으로 1980년대부터 올드 펌 더비의 폭력이 조금은 줄어들기는 했지만, 아직까지 근절된 상태는 아니다. 경기 결과에 승복하지 못한 팬들이 심판에게 폭행을 퍼붓는 사건도 벌어졌고, 오물과 쓰레기 투척으로 경기가 중단되는 사례도 자주 발생했다. 또 팬들 간의 난투극도 여전하며, 경기장에서의 충돌로 사망한 팬의 유골은 화장 후 경기장에 뿌려진다는 전통도 그대로 유지되고 있다.

한편, 올드 펌 더비의 폭력성과 위험성 때문에 발생한 재미있는 이야기들도 있다. 올드 펌 더비는 야간에 경기가 열리지 않는데, 이는 팬들의 충돌을 방지하기 위한 스코틀랜드

정부의 자구책 중 하나이다. 뿐만 아니라 관중수를 초과하는 경찰이 경기장에 미리 배치되어 있고, 양 팀의 후원사가 다를 경우 발생할 수 있는 라이벌 팀의 후원사에 대한 폭력과 테러사태를 방지하기 위해 후원사도 똑같이 유지하는 것이 특징이다. 올드 펌 더비의 위험성은 여전하지만 동시에 올드 펌 더비가 창출해내는 경제적인 이익이 만만치 않아 제재를 가하기도 쉽지 않다는 의견도 많다.

한편 올드 펌 더비는 2012년 7월, 레인저스가 파산으로 인해 4부 리그로 강등당하면서 잠시 중단되고 있다. 뿐만 아니라, 셀틱이 잉글랜드 3부 리그에 합류할 수도 있다는 루머가 돌기 시작하면서 올드 펌 더비가 영원히 사라질 가능성도 제기되고 있다. 과연 레인저스와 셀틱, 올드 펌 더비의 미래는 어떻게 될 것인지 축구팬 모두의 관심이 집중되고 있다.

마드리드 더비[엘 데르비 마드릴레뇨]
(레알 마드리드 CF vs 아틀레티코 마드리드 / 스페인)

마드리드를 연고로 하는 두 클럽, 레알 마드리드와 아틀레티코 마드리드는 긴 세월 동안 서로 상반된 행보를 이어왔다. 확연한 전력 차이가 그 이유로, 리그 최고의 팀으로 군림하던 레알 마드리드에 가려 아틀레티코 마드리드는 늘 그림자 신세였다.

레알 마드리드의 이름에 붙어있는 '레알'이 황실을 가리키는 만큼, 레알 마드리드는 황실의 팀이라는 이미지를 갖고 있다. 반면, 아틀레티코 마드리드의 이미지는 '그냥 마드리드의 축구팀' 정도이다. 스페인의 독재자 '프란시스코 프랑코'가 집권하던 초기에는 잠시나마 아틀레티코 마드리드가 정부의 지원을 받던 시절이 있었다. 그러나 아틀레티코를 향한 정부의 애정은 그리 오래가질 못했고, 결국 모든 지원과 응원은 레알 마드리드 쪽으로 넘어갔다.

정부의 아낌없는 지원으로 레알 마드리드는 단숨에 전 세계의 최강 축구 클럽이 되었다. 반면 아틀레티코는 '반역자들의 팀' 취급을 받으면서 별다른 지지를 받지 못한 채 비운의 팀으로 추락하고 말았다.

시간이 갈수록 아틀레티코 마드리드의 팬들은 그와 같은 사회적 분위기를 그대로 받아들이기로 했다. 정부가 레알 마드리드를 더 선호하고, 그에 대한 지원을 아끼지 않는다는 점을 인정하면서 자신들의 목표를 레알 마드리드를 꺾어버리는 쪽으로 바꾼 것이다. 이 때문에 아틀레티코 팬들은 레알 마드리드와의 일전이 있을 때면 평소보다 더 높은 목소리로 응원을 보냈고 선수들 역시 레알 마드리드만은 꼭 이기겠다는 의지를 드러냈다. 결국 이들의 이러한 열정이 '마드리드 더비' 형성에 결정적인 역할을 하게 된 것이다.

레알 마드리드는 마드리드 내의 부유한 계층이 응원하는 클럽이고, 아틀레티코 마드리드는 노동자 계층의 시민들이 선호하는 팀으로 알려져 있다. 이들 중 마드리드를 위한, 마드리드에 의한, 마드리드만의 클럽은 어느 팀일까? 그 해답을 찾기 위해 마드리드 더비는 지금도 치열하게 전개되고 있다.

12/13 시즌의 마드리드 더비에서 가장 볼만한 점은 '신계' 최고의 선수인 호날두와 '인간 계' 최고의 선수로 불리고 있는 팔카오의 대결이었다. 12/13 시즌 아틀레티코 마드리드는 레알 마드리드보다 더 좋은 성적으로 리그의 전반기를

마무리했다. 이처럼 역사적으로는 레알 마드리드에 밀려 그리 전력이 높지 않은 팀으로 기록되어 있지만, 최근의 아틀레티코 마드리드는 팀 전력 강화를 위한 투자를 아끼지 않고 있고, 팀을 이끌어 줄 새로운 유망주들도 매년 등장하고 있다. 그 결과, 이전까지 레알 마드리드의 일방적인 우세로 진행되던 마드리드 더비 역시 새로운 변화를 맞이하고 있다. 2013년 5월18일에 열렸던 국왕컵 결승에서는 아틀레티코 마드리드가 레알 마드리드를 2-1로 꺾고 국왕컵 대회의 우승을 차지한 것이다.

레알 마드리드의 팬들에게도 아틀레티코 마드리드의 반격은 염려스럽다. 같은 마드리드 연고 클럽으로서 레알 마드리드를 꺾어보고자 하는 아틀레티코의 팬들과 선수들의 의지가 가시적인 성과를 이루어내고 있기 때문이다.

카탈루냐 더비[엘 데르비 바르셀로네스]
(FC 바르셀로나 vs RCD 에스파뇰 / 스페인)

카탈루냐에는 카탈루냐를 연고로 하는 두 축구팀이 있다. FC 바르셀로나와 RCD 에스파뇰이 바로 그들이다. 지역 라이벌 관계인 두 팀은 창단 이래 오랫동안 로컬 더비로서의 관계를 유지해왔으며, 두 팀의 경기를 '카탈루냐 더비' 혹은 '바르셀로나 더비'라고 칭한다. 스페인 현지 발음으로는 '엘 데르비 바르셀로네스'라고 한다.

흔히 사람들은 지역 색이 강한 카탈루냐 사람들의 특징만 믿고, 바르셀로나와 에스파뇰 간의 로컬 더비인 카탈루냐 더비가 비교적 평화로운 분위기 속에서 치러질 것이라 예상한다. 하지만 사실은 그렇지 않다. 일부 에스파뇰 팬들은 카탈루냐라는 지역 색보다도 라이벌 팀의 패망을 위해, 엘 클라시코에서 레알 마드리드를 응원할 정도이다.

두 팀 중 먼저 창단된 팀은 FC 바르셀로나였다. 바르셀로나는 1899년 스위스 출신 실업가인 '한스 감퍼'에 의해 외국인들을 위한 클럽으로 창단됐고, 1년 뒤인 1900년에는 카탈루냐 현지인들을 위한 RCD 에스파뇰이 창단됐다. 그러나 에스파뇰이 차지하던 카탈루냐 대표 클럽의 입지는 곧 흔들리기 시작했고, 결국 1929년 프리메라리가의 출범 이후 바르셀로나의 승승장구로 카탈루냐 대표 클럽의 타이틀은 FC 바르셀로나에게 넘어가버리고 말았다. 이러한 역사와 배경은 현재까지도 에스파뇰의 팬들이 바르셀로나에게 라이벌 의식을 느끼게 된 계기가 되었고, 아직까지도 카탈루냐 축구팀의 자존심을 차지하기 위한 두 팀의 라이벌 의식은 계속되고 있다. 특히 에스파뇰의 팬들은 본래 '카탈루냐인들을 위한 카탈루냐의 클럽'은 에스파뇰이었다며, 바르셀로나는 '이방인의 클럽'이라는 주장을 굽히지 않는다.

안달루시아 더비[엘 데르비 세비야노, 세비야 더비]
(세비야 FC vs 레알 베티스 / 스페인)

안달루시아 지역의 '안달루시아 더비'는 스페인의 또 다른 주요 로컬 더비이다. 안달루시아 더비는 스페인의 남쪽 끝에 위치한 안달루시아 지역에서 가장 막강한 전력을 자랑하는 세비야 FC와 레알 베티스 간의 맞대결을 의미한다. 두 팀은 창단 이래 계층 간의 차이가 두드러져 폭력적이면서도 치열한 더비 열기를 형성하는 것으로 유명하다.

실제로 2007년 3월 세비야 FC의 후안데 라모스 감독은 국왕컵 8강전에서 라이벌 팀인 레알 베티스와의 경기 도중 베티스 팬들이 던진 음료수 병에 맞아 실신했다.

스페인 최고의 더비를 엘 클라시코라고 하지만, 엘 클라시코에는 (생각보다) 팬들 간의 직접적인 충돌과 폭력사태는 적다. 그러나 안달루시아 더비는 엘 클라시코와는 조금 다른 이유로 스페인 최고의 더비라고 볼 수 있는데, 만나기만 하면 폭력과 사고를 만들어내는 안달루시아 더비는 스페인에서 가장 위험한 더비로 손꼽히고 있다.

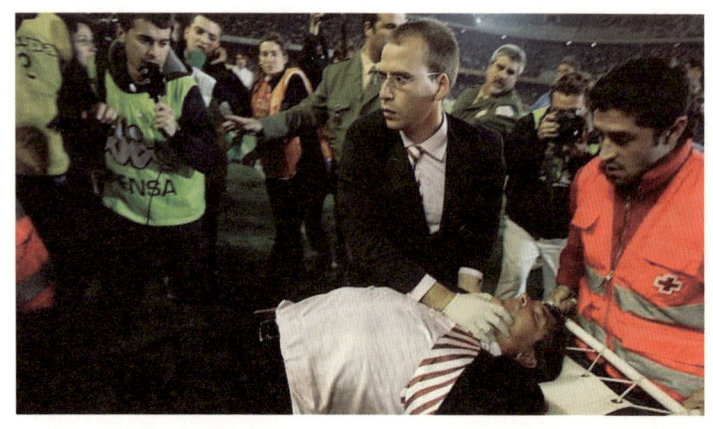

　세비야는 팀 창단 때부터 주로 노조층을 대표하는 클럽이었고, 베티스는 이와 반대로 지주층을 대표하는 클럽이었다. 서로 간의 팬 층이 분명하게 갈라지자, 신경전과 충돌은 피할 수 없었고, 결국 시간이 더해갈수록 전쟁 같은 분위기를 형성하게 되었다. 지주층과 노조층이 서로 대립하거나 감정이 폭발할 사건이 벌어지면 안달루시아 더비도 그 열기가 덩달아 치솟았다. 이와 같은 팬 층의 구분은 현재까지도 계속되고 있다.

　라모스 감독의 실신 사건 이외에도 팬이 경기장에 난입해 선수를 폭행한 사건, 세비야 팬들의 베티스 팬 집단 구타 사건 등 지나친 폭력과 충돌로 얼룩진 갖가지 이야기들이 다양하게 남아 있다.

　서로 충돌할 것만 같은 안달루시아의 라이벌 관계에도 훈훈했던 사건이 있었다. 세비야의 선수였던 '안토니오 푸에르타'가 경기 중 갑작스럽게 사망하자, 베티스 구단주가 애도의 날을 선포하며 라이벌 클럽의 슬픔에 조의를 표한 것이다. 베티스 팬들도 세비야 팬들에게 위로의 인사를 건넸는데, 이는 사건 사고로 얼룩진 안달루시아 더비의 틀을 깨는 이례적인 에피소드로 기억되고 있다.

　스페인 축구의 빅 매치 중 하나인 안달루시아 더비는, 더비 매치의 치열함과 폭력성을 꼭 경험하고 싶은 팬들이 있다면 제일 먼저 추천하고 싶은 더비이다. 스페인 축구의 열기, 그 곳에서 뿜어져 나오는 팬들의 에너지와 함께 소통하고 싶다면 안달루시아 지방의 대표적인 더비인 '안달루시아 더비'를 감상하기를 권해본다.

수페르클라시코
(보카 주니어스 vs 리버 플레이트 / 아르헨티나)

'수페르클라시코'의 주인공인 보카 주니어스와 리버 플레이트는 아르헨티나를 대표하는 최고의 명문 클럽으로 존재해 왔다. 두 팀 모두 아르헨티나의 수도 부에노스 아이레스를 연고로 하고 있으며 양 팀의 거대한 팬 베이스는 수페르클라시코의 열기를 고조시키는 역할을 한다. 아르헨티나에서는 두 팀을 응원하는 팬들이 전체 인구의 73%를 차지할 정도라 한다.

두 팀의 라이벌 관계는, 요약하자면, '돈'과 '명예', 그리고 '계층'이다. 부와 명예에서 확연하게 갈라지는 양 팀의 팬들은 더비 매치를 단순한 축구 경기 그 이상의 의미로 이해한다. 상류층 지역을 대표하는 리버 플레이트와 하류층 지역을 대표하는 보카 주니어스 간의 경쟁 구도는 과거에 이어 현재까지도 그대로 유지되고 있다. 여기에는 남미인들 특유의 다혈질적인 민족성과 전통이 한 몫을 했다.

 양 팀의 응원구호도 구별된다. 리버 플레이트의 팬들은 보카 주니어스 팬들을 '로스 푸에르코스(돼지들)'라 부르며 하류층의 인생을 살고 있는 보카 주니어스를 조롱했고, 반면 보카 주니어스의 팬들은 리버 플레이트의 팬들에게 '가시나스(겁쟁이/닭들)'라는 별명을 붙이며 리버 플레이트 팬들의 조롱에 대해 반격했다. 국내에서도 수원 삼성 블루윙즈를 상대하는 라이벌 팀들이 수원 팬들을 도발하기 위해 실제로 닭 여러 마리를 서포터석에 내거는 것처럼, 수페르클라시코에서도 서로를 비난하는 의미가 담긴 돼지와 닭들이 출연한다.

한편 수페르클라시코에서는 여러 명의 사상자를 발생시킨 끔찍한 사건·사고가 터졌는데, 그 중에서도 1986년에 벌어진 대형 참사가 대표적이다. 경기 내용에 불만을 품은 보카 주니어스 팬들이 불이 붙은 종이를 던지며 경기장에 방화를 시도했고, 관중들이 이를 피해 좁은 게이트로 달아나던 중 압사 사고가 발생한 것이다. 이 참사로 74명이 사망했고, 150명이 부상당했다. 그러나 경기장에 방화를 시도한 주동자들이 누구인지 아직까지 밝혀내지 못했다.

수페르클라시코의 두 팀인 리버 플레이트와 보카 주니어스는 남미 챔피언스리그에서 많은 우승 트로피를 들어 올렸고, 이 때문에 클럽월드컵과 같은 국제 대회에서 여러 번 남미 대표 클럽으로 모습을 드러냈다. 또한 수많은 남미 출신의 스타플레이어들을 육성해 유럽 명문 클럽으로 보냈다. 후안 리켈메와 카를로스 테베즈, 하비에르 사비올라, 아리엘 오르테가 등이 두 팀 출신의 유명 선수들이다.

밀란 더비[데르비 델라 마돈니나]
(AC 밀란 vs FC 인테르나치오날레 밀라노(인터 밀란) / 이탈리아)

이탈리아의 축구 열기는, 2002년 한일 월드컵 16강전에서 한국에게 패배한 직후 이탈리아 현지의 분위기만 보더라도 어느 정도인지 가늠이 된다. 당시 결승골을 넣었던 안정환이 소속팀 AC 페루자 칼초로부터 어떠한 대우를 받았는지, 이탈리아 현지에서 한국인들에 대한 대우가 어떻게 변했는지를 떠올려본다면 그 열기가 얼마나 광적인지를 알 수 있다.

 이렇듯 축구에 대한 열기가 대단한 이탈리아의 주요 더비들이라면 그만큼의 위험성과 폭력성을 안고 있는 건 당연지사. 하지만 이탈리아 최고의 더비는 예외다. 이탈리아의 축구 분위기는 엄청나지만, 최고의 더비로 꼽히는 '밀란 더비'는 폭력성과 위험성과는 다소 거리가 멀다. 밀란 더비를 구성하는 양 팀의 팬들은 대단히 우호적이고 사이좋은 이웃관계로 알려져 있다. 이는 웬만한 나라에선 찾기 힘든 이색적인 분위기이기도 하다.

 밀란 더비의 주인공 AC 밀란과 인터 밀란(인테르나치오날레 밀라노)은 오랫동안 이탈리아 축구를 대표해온 명문 클럽들이다. 모두 이탈리아 롬바르디아 주의 밀라노를 연고로 하고 있고, 이 때문에 밀란 더비에 입장하는 양 팀의 팬들은 대부분 밀란 태생으로 이웃 관계이거나 절친한 사이, 혹은 가족인 경우도 많다고 한다.

 이들은 각자 응원하는 팀이 다르다 해서 서로를 이유 없이 비방하거나 공격하지 않는다. 같은 밀란 시민으로서 서로의 승리를 기원하는 축구팬들이 많고 선의의 경쟁을 기원하며 자신이 응원하는 팀이 졌을 때 상대팀의 승리를 축하해

주는 장면을 연출하기도 한다. 팬 석이 나뉘어 있지도 않고, 한데 뒤섞여 가족처럼 사이좋게 축구를 관람한다. 관중석만 보면 더비 경기인지 축제인지 도무지 알 수 없을 정도다.

두 팀의 탄생 기원을 살펴보면, 어떻게 라이벌 관계가 됐는지 알 수 있다. AC 밀란은 1899년 밀라노를 대표하는 축구팀으로 창단됐다. 그러나 창단 이후 AC 밀란은 이탈리아 출신과 영국 출신의 선수들만을 중시하는 정책을 펴 반발론자들을 만들어냈고, 이는 그들로 하여금 모든 외국인들에게 개방되어 있는 클럽을 만들고자 하는 의지를 갖게 만들었다. 그렇게 1908년 인터 밀란이 창단되었다. 인터 밀란의 이름인 '인테르나치오날레'의 뜻은 이탈리아어로 '국제'를 뜻한다.

 두 팀의 팬들이 그나마 신경전을 펼치는 부분이 있다면, 바로 두 팀이 함께 쓰는 홈 경기장의 이름이다. AC 밀란과 인터 밀란이 부르는 경기장의 명칭이 달라 종종 국내 팬들이 착각하는 경우가 있다. 실제로 모 축구 게임 커뮤니티 사이트에서 경기장 패치를 찾아다니던 한 사람은 이런 글을 올리기도 했다.

 "ㅇㅇ 통합패치를 다운 받았는데, AC 밀란의 홈 경기장인 '산 시로'만 적용이 됐고, 인터 밀란 홈 경기장인 '주세페 메아차'가 안 보이네요."

이 뿐만이 아니다. 세리에 A에 관심이 있는 축구팬들마저도 가끔 AC 밀란과 인터 밀란의 경기장이 제법 흡사하게 생겼다며, 두 팀의 경기장이 같은 것인지 다른 것인지를 묻는 질문 글도 종종 찾아볼 수 있다.

사실 두 팀의 홈 경기장은 '산 시로'라는 명칭으로 사용되고 있었다. 그러나 1980년, 산 시로는 AC 밀란과 인터 밀란에서 번갈아 활동했던 이탈리아의 축구 영웅 '주세페 메아차'의 이름을 따 '주세페 메아차 스타디움'으로 공식 변경됐고, 인터 밀란의 팬들은 변경된 경기장의 이름을 받아들였다.

그러나 AC 밀란의 팬들은 변경된 경기장 이름이 불만스러웠다. 주세페 메아차가 이탈리아의 축구 영웅이라고는 하지만, AC 밀란에서 활약했던 시간보다 인터 밀란에서 활약했던 시간이 월등히 많았고, 활약상도 인터 밀란 소속 당시의 그것이 더욱 빛났다는 이유로 이를 거부한다.

두 밀란은 이제 더 이상 최강이 아니다

결국 AC 밀란의 팬들은 현재까지도 변경된 경기장 이름을 사용하지 않고 '산 시로'라고 부르고 있다. 따라서 경기장 이름을 건 두 팬들의 신경전은 밀란 더비의 대립 요소 중 하나다. 또 두 팀의 홈경기장이 같기 때문에 서로의 평균 관중수를 놓고도 대립이 이루어지고 있다고 한다.

최근 두 팀은 모두 주춤한 행보를 이어가고 있다. 이탈리아를 대표하는 두 명문 클럽이지만, 세리에 A의 연이은 시련, 그리고 그로 인한 몰락과 함께 조금씩 유럽 무대에서의 경쟁력을 잃어가고 있다. AC 밀란은 팀을 이끌던 주축 선수 대부분이 빠져나간 뒤로 팀의 무게감이 떨어졌고, 인터 밀란 역시 2010년 조세 무리뉴 감독이 이뤄낸 트레블 이후로 퇴보를 거듭하고 있다. 오랜 시간 밀란 연고의 두 팀은 이탈리아 내에서 최강의 입지를 자랑하는 팀으로 자리를 굳혔지만, 더 이상 자국 내에서 최강이 아님을 받아들여야 할 시점에 직면해 있다.

그래도 역사가 깊은 두 명문 클럽 AC 밀란과 인터 밀란이 보여주는 '밀란 더비'는 오랜 역사와 스토리 때문에 아직까지도 이탈리아 최고의 더비로 많은 사랑을 받아오고 있다. AC 밀란과 인터 밀란이 다시 한 번 황금기를 맞이할 수 있을까? 이탈리아 최강의 자리를 놓고 치열하게 펼쳐질 '밀란 더비'를 기대해본다.

로마 더비[데르비 델라 카피탈레]
(AS 로마 vs SS 라치오 / 이탈리아)

'카피탈레 = 캐피탈 = capital'은 수도를 나타낸다. 이탈리아의 수도인 로마를 연고로 하는 AS 로마와 SS 라치오는 '올림피코 스타디움'을 공동 홈 경기장으로 사용하고 있다. 로마 더비는 이탈리아의 축구 열기를 그대로 느낄 수 있는 대표적인 더비다. 이 더비는 극성적인 양 팀의 팬들에 의해 잦은 충돌과 폭력 사태로 얼룩져 왔다.

이탈리아의 수도인 로마는 오랜 시간동안 이탈리아 북부 지방에 가려 축구에서는 별다른 빛을 발하지 못했다[1]. 그러나 1900년대 초반, 이탈리아의 독재자 무솔리니가 자신의 권위를 세우고 로마의 축구 경쟁력도 키울 수 있는 대대적인 계획을 준비했다. 그는 로마를 연고로 하는 여러 소규모의 팀들을 하나의 대규모 팀으로 통합시킨 이후 전폭적인 지원을 보냈다. 그렇게 탄생한 팀이 AS 로마였다.

---

[1] 로마도 북부로 보는 견해가 있지만, 여기서는 로마보다도 더 북쪽에 위치한 도시들을 의미한다.

 그러나 로마를 연고로 하고 있는 SS 라치오는 AS 로마의 통합 움직임에 거세게 저항했다. 자신들의 팀을 신생팀인 로마에게 잃고 싶지 않았다. 결국 라치오는 끝까지 저항하며 AS 로마로부터 독립에 성공했고, 로마에서 가장 역사가 깊은 오랜 클럽이라는 타이틀을 유지할 수 있게 되었다.

 두 팀의 신경전은 여기서부터 시작됐다. AS 로마는 자신들과 통합되지 않은 라치오에게 강한 적개심을 가지고 있었고, 이는 자신들의 팀을 방어한 라치오의 팬들도 마찬가지였다. 뿐만 아니라, 라치오의 팬들은 자기보다 늦게 창단된 AS 로마에게 로마 대표 클럽이라는 타이틀을 넘겨주는 것을 극도로 싫어해 로마 더비에서만큼은 자존심을 지키기 위해 애를 썼다. 팀 역사의 처음부터 대립 관계를 빚어온 양 팀은 이후에도 다양한 스토리를 형성해가며 라이벌 관계를 발전시켰다.

두 팀이 오랫동안 대립해온 또 다른 이유는 바로 양 팀을 응원하는 주 계층의 역사적인 차이 때문이었다. 라치오의 주요 팬층이 주로 북로마를 중심으로 한 상류층이었다면 AS로마의 그것은 남로마에 거주해오던 노동자 계층이 중심이 되었다.

양 팀의 라이벌 의식을 격화시킨 대표적인 사건은 라치오 팬들의 인종차별 행위였다. 라치오 팬들 중 일부는 로마에서 활약 중인 흑인 선수들을 겨냥해 경기 중 폭언을 퍼붓거나 흑인 비하 걸개를 내걸며 공격을 서슴지 않았고, 이 과정에서 팀의 선수를 지키려 한 로마의 팬들과도 치열한 신경전을 벌이게 되었다. 비록 2000년대 이후부터 라치오의 팬들 스스로가 인종차별적 성향으로부터 벗어나기 위해 노력해오고 있지만, 로마의 팬들은 아직도 라치오 팬들의 과거 인종차별적 행위를 비난하며 대립하고 있다.

두 팀 팬들의 신경전은 갖가지 사건들을 만들어냈다. 경기장 내에서는 한 라치오 팬이 로마 팬에게 안구를 공격당한 뒤 불에 타 사망한 전례가 있었는데, 이는 이탈리아 축구에서 폭력에 의해 팬이 사망한 첫 번째 사건이었다. 팬들의 충돌이 너무 거세, 제지하러 들어간 경찰이 도리어 부상을 당하는 경우도 허다했다.

현재까지도 로마 더비는 폭력 사태에서 자유롭지 못하다. 경기장 입구에서 경찰들이 팬들의 소지품을 수색하면 단검이나 각목, 폭탄 등이 수두룩하게 나와 테이블 전체를 채울 정도다.

 한편, 두 팀은 2013년 5월27일 열렸던 이탈리아 컵 결승 무대에서도 만났는데, 라치오가 1-0 승리를 거두면서 라이벌 팀을 꺾고 대회 정상의 자리에 올라섰다. 화가 난 로마 팬들은 구단 버스를 공격하기에 이르렀고, 자기 팀 선수와 코칭스태프에 대한 비난과 폭언을 서슴지 않았다.

 이 날 경기에서 '싸이'가 하프타임 공연 무대를 가졌는데, 예상대로 싸이는 극성 이탈리아 축구팬들의 인종 차별과 야유, 폭죽 방해 공작들을 견뎌내야만 했다. 비록 축하 공연을 위해 잠시 들렀을 뿐이지만, 다른 행사장과는 확실히 분위기가 달랐던 '올림피코 스타디움'의 긴장감을 싸이는 결코 잊지 못할 것이다. 이탈리아의 축구 열기를 그대로 느낄 수 있는 더비인 것은 사실이지만, 개인적으로는 로마 더비의 직관만큼은 피하기를 권하고 싶다.

잦은 폭력 사태가 과연 더비의 재미도 증가시킬 수 있는 요소일지, 축구 경기에서 팬들 간의 충돌은 어느 정도의 수위까지 허락되어야 하는지. 현대 축구계에 여러 가지 의문을 안겨주는 논란의 주인공, 바로 '로마 더비'이다.

토리노 더비[데르비 델라 몰레]
(유벤투스 FC vs 토리노 FC / 이탈리아)

토리노 FC가 과연 유벤투스의 상대가 될까? 토리노 더비를 이루는 두 팀을 보는 순간 아마 이런 생각이 들 것이다. 하지만 토리노 FC는 이탈리아 축구 역사상에서 결코 무시할 수 없는 자리에 위치했던 팀이다. 1949년 비행기 추락사고로 인해 팀원 주축 선수 전원이 사망한 '수페르가의 비극' 이전까지 토리노 FC는 여러 주요 대회에서 우승할 만큼 이탈리아의 명문 클럽 중 하나였다. 그런 면에서 토리노 더비는 과거 이탈리아를 대표한 토리노 FC와 과거부터 현재까지 오랫동안 이탈리아를 대표해온 유벤투스 FC가, 치열한 경쟁을 선보이는 대결이라는 점에서 그 의의를 지닌다.

두 팀은 토리노 FC가 창단되었을 때부터 서로에 대한 라이벌 의식을 형성했다. 1906년, 유벤투스의 일부 관계자들에 의해 토리노 FC가 창단되자 유벤투스의 팬들은 이를 못마땅하게 여겼다.

토리노 더비에서는 양 팀의 팬들이 외치는 구호도 볼거리로 알려져 있다. 유벤투스의 팬들은 라이벌 팀인 토리노가 자기보다 한 수 아래임을 증명하기 위해 'Inferior!(하위의)' 'Minors!(낮은)'라는 구호를 준비해 토리노 더비 때마다 소리친다. 반면, 토리노 FC의 팬들은 유벤투스의 승부조작 사건(칼치오폴리 사건)을 조롱하기 위해 'Cheats!(사기, 부정행위)' 'Scumbags!(쓰레기 같은 놈들)'라고 소리치며 반박한다. 이와 같은 응원문화는 팬들 간의 충돌과 폭력사태로도 이어진 바 있다.

토리노 더비는 이탈리아 현지에서는 '데르비 델라 몰레'라고 하는데, 이는 토리노의 유명한 건축물인 '몰레 안

토넬리아'로부터 유래됐다.

토리노 FC가 잠시 세리에 B로 강등되어 있던 동안 토리노 더비 역시 중단되고 말았지만, 2012/13 시즌부터 토리노 FC가 세리에 A로 승격하면서 토리노 더비 역시 재개되었다.

맨체스터 더비
(맨체스터 유나이티드 FC vs 맨체스터 시티 FC / 잉글랜드)

최근 가장 핫한 더비로 떠오르고 있는 맨체스터 지역 클럽 간의 매치, '맨체스터 더비'는 1881년의 맞대결을 시작으로 그 역사를 열어 젖혔다.

초기의 맨체스터 더비는 지금과는 다르게 상당히 친화적인 분위기였다. 맨체스터 지역의 축제처럼 양 팀 팬들은 사이좋게 경기를 관전했다. 이 때는 맨시티가 맨유에게 우세한 흐름을 유지하며, 맨체스터 지역의 대표 클럽으로 앞서가기 시작했다.

그러나 시간이 지나면서 맨유는 자신들의 발전 방향을 개혁하기 시작했다. 맨체스터 지역을 팀의 집중 타겟으로 잡았던 맨시티와 달리 국제주의를 자신들의 주 발전 방향으로 삼으면서 라이벌 팀과의 행보를 확실하게 갈라놓은 것이다. 이러한 두 팀의 차이는 1950~60년도를 거치면서 더욱 뚜렷해지기 시작했다.

그리고 맨체스터 시티는 이후 44년간 단 한 번도 리그 우승을 차지하지 못한 채 중하위권 팀으로 처지게 되었다. 뿐만 아니라, 1992년 '프리미어리그'의 출범 이후 라이벌 팀 맨유와의 격차가 더욱 벌어지면서, 90년대에는 3부 리그까지 강등되는 등 팀 역사상 최악의 시련을 겪기도 했다. 반면, 같은 시기 맨유는 잉글랜드 클럽 역사상 최초로 트레블(리그-FA컵-챔피언스리그 우승)을 달성하는 기염을 토하며 라이벌 클럽과는 상반되는 행보를 보여줬다. 이때부터 맨유 팬들은 맨시티를 무시하며 조롱했고, 두 클럽간의 라이벌 의식이 본격적으로 형성되기 시작했다.

역사는 깊지만, 두 팀의 전력 차가 현저히 차이가 났기 때문에 잉글랜드의 주요 더비로는 떠오르지 못한 '맨체스터 더비'는 2008년 셰이크 만수르 빈 자에드 알 나얀 구단주가 맨시티를 인수하고 나서부터 조금씩 그 경쟁력이 되살아나기 시작했다. 중하위권 팀으로 심각한 재정난에 빠져 있던 맨시티는 만수르 구단주의 아낌없는 투자 덕분에 팀의 재정난을 단번에 해결할 수 있었고 동시에 여러 스타플레이어들을 영입할 수 있었다. 마침내 맨체스터 시티는 2009년 여름, 완벽하게 전력을 리빌딩하는데 성공하면서 기존 빅4(맨유-첼시-아스날-리버풀) 팀들을 위협할만한 요주의 팀으로 떠올랐다.

　언론의 예상대로 맨체스터 시티의 첫 출발은 상당히 순조로웠다. 개막 후 4경기에서 모두 승리를 거두었다. 그들의 다음 상대는 바로 호날두와 테베즈가 나가면서 이전과 같은 파괴력을 입증하지 못한 영원한 라이벌 맨체스터 유나이티드였다. 두 팀은 2009년 9월20일 맨유의 홈구장인 '올드 트래포드'에서 맨체스터 더비 역사상 최고의 명경기로 불리는 접전을 펼쳤다.

　경기는 이른 시간에 터진 맨유 웨인 루니의 선제골로 시작됐다. 그러나 맨유의 골키퍼로 출전한 벤 포스터가 어이없는 실수를 범하면서 경기는 원점으로 돌아갔고, 그 후 맨유의 미드필더 대런 플레쳐의 두 골에 맨시티의 크레이그 벨라미가 두 골로 화답하면서 경기는 3-3으로 끝나는 듯 보였다.

역사상 가장 치열했던 그 날의 맨체스터 더비. 그리고 오웬의 '인생골'

맨유는 대기심이 선언한 4분의 추가시간 동안 결승골을 넣기 위해 악착같이 밀어붙였지만 골문은 좀처럼 열리지 않았다. 반면, 맨시티는 4분의 추가시간 동안 경기를 지연시키며 무승부로 종료시키기 위해 애를 썼다. 주심은 맨시티가 일부러 시간을 벌려했던 것을 감지한 모양인지 4분의 추가시간이 지났는데도 휘슬을 불지 않았다. 그리고 그 순간 맨유는 프리킥 찬스를 얻는데 성공했다. 다소 먼 거리에서 띄워준 프리킥이 골문을 잠그던 맨시티의 수비진들에게 가로막혀 튕겨 나왔지만, 그 공은 라이언 긱스에게 연결되어 득점 찬스를 만들었다. 라이언 긱스는 재빨리 방향을 틀어 후반에 교체되어 들어간 마이클 오언에게 공을 패스했다. 오언은 공을 터치해 골문 오른쪽 구석으로 정확하게 꽂아 넣었다. 95분의 결승골. 보고도 믿을 수 없는 광경이었다.

퍼거슨 감독은 환호했고, 옆에 있던 마크 휴즈 감독은 고개를 숙여야 했다. 좀전까지 올드 트래포드에서 승리의 노래를 부르던 맨시티의 원정 팬들은 침묵에 빠졌다. 맨시티에겐 절망, 맨유에겐 열광의 순간이었다. 이 경기는 맨체스터 더비 역사상 최고의 경기로 손꼽히고 있으며 우승권 밖의 팀으로 평가받던 맨시티와, 경쟁력이 없는 더비로 인식되던 맨체스터 더비가 경쟁력을 갖기 시작한 전환점이 된 경기로 기억되고 있다.

이후에도 맨체스터 더비는 2010/11 시즌 펼쳐진 맞대결에서 터진 웨인 루니의 그림 같은 결승골로 화제를 불러 모으기도 했다. 그 해 맨체스터 시티는 리그 성적 4위 안에 들며 챔피언스리그 진출권을 획득하기도 했다. 맨체스터 더비는 2009/10 시즌부터 시작된 열기를 이어 잉글랜드를 대표하는 최고의 더비로 성장하기 시작했다.

2011/12 시즌엔 놀라운 일이 펼쳐졌다. 홈경기장인 올드 트래포드에서 극강 모드를 보여주던 맨유가 맨시티를 상대로 무려 1-6의 대패를 당한 것이다. 이는 1955년 0-5로 패배한 이후 맨시티에게 가장 큰 점수 차로 패한 경기로 기록되었으며 동시에 시즌 무패 행진을 달리고 있던 맨유가 첫 패배의 충격을 입은 경기이기도 했다.

2009/2010 시즌 이후로 만수르 구단주의 탄탄한 자금력에 힘을 얻은 맨시티는 확실히 달라졌다. 맨시티의 성장과 함께 맨체스터 더비 역시 잉글랜드 최고의 더비로 성장한 것이다.

  2011/12 시즌의 EPL은 사실상 맨체스터 두 팀의 양강 체제로 흐름이 굳혀졌다. 그 어느 때보다 두 팀의 우승 경쟁은 치열했고, 트로피의 행방은 아무도 예상할 수 없었다.

  한때 맨유는 맨시티와의 승점 차를 8점차까지 벌리며, 사실상 리그 우승을 확정짓는 듯 보였다. 그러나 맨유가 잠깐 주춤하던 사이, 승점 차는 어느덧 3점차로 좁혀졌고, 그 후 맞이하게 된 맨체스터 더비에서 맨시티의 주장 빈센트 콤파니의 극적인 헤딩골이 터지며 맨시티가 1-0 승리를 거뒀다.

사실상 리그 결승전으로 언급되던 맨체스터 더비를 승리로 장식한 맨시티는 맨유와 승점을 동률로 만든 뒤 득실차에서 앞서 단숨에 리그 1위로 올라섰다.

이후 두 팀은 리그 최종전까지 승점 동률인 상태에서 우승 경쟁을 벌였지만, 마지막 라운드에서 QPR에게 리드를 빼앗기고 있던 맨시티가 추가 시간 91분에 동점골, 93분에 역전골을 기록하며 극적인 리그 우승을 확정짓게 되었다. 동시간대 선더랜드를 미리 1-0으로 꺾고 맨시티의 상황을 지켜보고 있던 맨유는 결국 준우승에 만족해야 했다.

두 팀이 벌인 치열한 우승 경쟁은 프리미어리그에서 수십 년 만에 벌어진 극적인 사건이었다. 항상 우승권에 자리하고 있던 맨유와 비교해, 떨어지지 않은 전력을 맨시티가 갖추고 있었으며 결말엔 오히려 맨시티가 더 좋은 결과를 이뤄낸 시즌이었다. 리그에서 벌어진 맨체스터 더비에서도 맨유는 단 1승도 챙기지 못한 채, 두 경기 모두 맨시티에게 승점을 내주어야만 했다. 이와 같은 결과가 만들어지자 맨시티와 맨유의 라이벌 열기는 역사적으로 가장 치열한 시기를 맞게 되었다.

열띤 우승 경쟁 속 서로에 대한 양 팀 팬들의 감정은 더욱 날카로워졌다. 이는 2012년 12월 열렸던 맞대결을 통해 다시 한 번 날이 세워졌다. 2-2 동점 상황에서 후반 추가시간, 로빈 반 페르시가 프리킥 기회를 멋지게 살리면서 3-2로 맨유가 앞서 나가게 되었다. 이를 지켜보던 맨시티의 팬들은 분노를 참지 못했고, 결국 한 맨시티의 팬이 화를 풀고자 세레머니 중이던 맨유의 수비수 리오 퍼디난드에게 동전을 던지는 사태가 발생했다. 맨시티 팬이 던진 동전에 맞은 퍼디난드는 눈 주위에 피를 흘리면서도 환호했다. 이후 맨시티의 팬들이 점점 격한 행동을 벌이자 주변에 있던 경찰들이 투입되는 사태까지 벌어지게 되었다. 선수들도 역시 날카로워졌다. 사실상 비긴 경기를 다시 한 번 놓치게 되자 맨시티 선수들 역시 분을 참지 못했다. 반 페르시의 골이 터진 이후, 맨시티 선수들인 가레스 배리나 카를로스 테베즈는 고의적으로 맨유 선수들에게 위험한 반칙을 시도했다.

잉글랜드를 대표하는 명문 클럽으로서 자리를 잡은 맨체스터 유나이티드와 그런 맨유를 어마어마한 자금력으로 꺾기 위해 지속적인 투자를 아끼지 않고 있는 신흥 강호 맨체스터 시티. 앞으로도 이어질 그들의 맞대결이 기대되는 이유이다.

머지사이드 더비 (리버풀 FC vs 에버튼 FC / 잉글랜드)

'머지사이드 더비'는 잉글랜드 중서부의 머지사이드를 연고로 하는 리버풀 FC와 에버튼 FC 간의 맞대결을 의미한다. 그라운드 위에서의 플레이는 거칠고 카드도 많이 나오는 더

비로 알려져 있지만, 정작 팬들은 친화적인 것으로 알려져 있다. 홈 팬-원정 팬 나누지 않고 두루 어울려 사이좋게 경기를 관전하는 것이 특징이다. 한 가족에 리버풀과 에버튼을 응원하는 팬들이 섞여있을 정도로 사이가 좋은 머지사이드 더비는 때문에 영국 현지에서 '친선 더비'로 불리기도 한다.

하지만 그런 점도, 선수들 사이에 끼게 되면 이야기가 달라진다. 선수들 간의 충돌은 다른 잉글랜드의 주요 더비들 가운데서도 뒤지지 않을 만큼 상당히 격한 편이다. 프리미어리그 역사상 최다 퇴장 경기로 기록되고 있는 한 경기 레드카드 14장도 바로 이 더비에서 나왔다. 프리미어리그에서 격하고 빠른 템포의 경기를 보고자 한다면 머지사이드 더비 이야말로 강력한 후보라고 할만하다.

리버풀과 에버튼은 성 도밍교 교회와 클럽의 회장인 존 호울딩으로부터 탄생한 공통점이 있다. 성 도밍고 축구팀을 통해 축구에 대한 열정을 보여준 존 호울딩은 훗날 에버튼 FC를 창단해 머지사이드를 대표하는 최고의 클럽으로 육성시켰다. 지역 대표 클럽으로 좋은 성적을 이어가던 에버튼은 새 경기장인 안 필드를 건설시킬 만큼 대단한 위용을 뽐냈다. 그러나 안 필드를 홈 경기장으로 쓴 지 얼마 지나지 않아, 에버튼과 존 호울딩이 경기장 임대료를 비롯한 여러 가지 운영 정책에 대해 갈등을 빚게 되고 끝내는 상호 결별을 선언하게 되었다.

이 때문에 에버튼의 선수들과 구단 관계자들은 자신들의 새로운 홈 경기장을 찾아야만 했다. 이어 존 호울딩은 머지사이드에 또 다른 축구 팀, 리버풀 FC를 창단했다.

최근에는, 줄곧 상위권을 유지해오던 리버풀이 하락세를 보이면서 '강팀' 리버풀과 '중위권' 에버튼이라는 경쟁구도에만 머물러 있던 머지사이드 더비 역시 새로운 의미의 더비 매치로 인식되고 있다. 리버풀과 에버튼이 모두 7~8위 자리를 두고 다투고 있기 때문에 머지사이드 더비의 승패여부가 이들의 최종성적 우위를 가르는 중요한 요소가 되었다.

아직은 두 팬들 사이에 별다른 적개심이 없지만, 만약 리버풀과 에버튼이 비슷한 순위권에서 지속적으로 맞부딪히면 과연 지금까지의 호의적인 분위기가 유지될 수 있을지 의문이다.

북런던 더비 (토트넘 핫스퍼 FC vs 아스날 FC / 잉글랜드)

 런던 지역의 더비에는 잉글랜드에서도 손 꼽히는 대단한 라이벌 전들이 다수 포함되어 있다. 런던은 북런던 / 서런던 / 동런던 / 남런던으로 나뉘어 각 세부적인 지역에 속한 팀들 간의 더비를 형성 중인데, 이 중에서 가장 치열하고 매력적인 더비를 꼽자면 바로 토트넘과 아스날 간의 '북런던 더비'를 먼저 떠올릴 수 있다.

 두 팀 간에 라이벌 의식이 형성된 원인은 아스날의 갑작스런 연고 이전 결정에 있었다. 본래 울위치 지역을 연고로 하고 있던 아스날은 이미 토트넘이 차지하고 있던 북런던에 인접해 있는 하이버리 지역으로 연고지를 옮겼는데, 불과 몇 마일 떨어지지 않은 거리에 또 다른 축구팀이 생긴다는 사실은 기존 북런던 지역의 주인이었던 토트넘 팬들에겐 달갑지 않은 일이었다. 이후 토트넘이 아스날과 비교해 전력 면에서 더 우위를 점하고 있었음에도 불구, 정작 매치업에서는 패하는 경우가 늘면서 두 팀 간 경쟁 구도는 뚜렷하게 형성되었다.

　이들의 불같은 라이벌 관계에 기름을 끼얹은 첫 번째 선수는 토트넘의 주장이었던 솔 캠벨이었다. 토트넘을 향한 '영원한 충성'을 맹세했던 캠벨은 계약기간이 만료되기 무섭게 라이벌 팀 아스날로의 '돌발적인' 이적을 감행하면서 토트넘 팬들의 원성을 샀다. 토트넘의 홈구장 '화이트 오브 레인'에서 열렬한 환호를 받아오던 캠벨은 이적 이후 자신의 전(前) 팬들이 외치는 갖가지의 비난과 욕설, 야유를 이겨내야만 했다.
　갈라스는 솔 캠벨의 경우완 반대로 아스날에서 토트넘으로의 이적을 감행하였다. 이 이적은 '캠벨 사건'으로 인해 상처를 입은 토트넘 팬들에게는 다소간의 위안이 되었다. 평소 아스날 팀 동료인 나스리와의 사이가 좋지 않았던 갈라스는 결국 팀 분위기에 적응하지 못하고 라이벌 팀으로의 이적을 결정하게 된 것이었는데, 순전히 갈라스의 돌발적인 행동으로 결정된 이적이라 이후 이 사건은 양 팀에게 있어 적지 않은 논란과 파장을 불러왔다.

최근 두 팀은 상위권(챔피언스리그 진출권) 도약을 위해 어느 때보다도 치열하게 경쟁하고 있으며, 이러한 흐름은 두 팀 사이의 형성된 경쟁 구도를 다양하게 만들었다. 이제는 진지하게 잉글랜드의 대표 더비 자리까지 노리고 있는 북런던 더비는 축구팬들이 주목해야할 가치가 있는 더비이다.

사우스웨일스 더비
(카디프 시티 FC vs 스완지 시티 AFC / 웨일스)

'사우스웨일스 더비'는 웨일스를 연고로 하는 카디프 시티 FC와 스완지 시티 AFC 간의 지역 로컬 더비를 의미한다. 본래 양 팀의 정확한 연고 지역은 다르지만, 같은 웨일스 지역을 연고로 하는 사실로 인해 로컬 더비로 평가받는다. 1912

년부터 시작된 양 팀의 맞대결은 시간이 갈수록 상대에 대한 라이벌 의식이 강해지면서, 잉글랜드 FA가 축구장의 폭력사태에 대한 강력한 제지를 가하지 전까지 수차례의 폭력 사태와 충돌에 노출되어 있었다.

2000년대 이후부터 잉글랜드 FA의 노력으로 사우스웨일스 더비의 훌리건들은 급감했고, 장내에서의 폭력 사태와 충돌도 많이 줄어들었지만, 아직까지도 팬들 간의 신경전은 날카롭다. 이 더비에는 타 경기보다 많은 인원의 경찰력이 동원되어 만일의 사태에 대비한다. 카디프와 스완지가 국내 팬들에게 알려진 팀이 아니다보니 사우스웨일스 더비의 열기는 아직 제대로 전해진 바가 없다. 하지만 영국에서 빼놓을 수 없는 주요 더비에 자주 랭크되고 있는 사우스웨일스 더비는 영국 축구팬 모두가 인정할 만큼 관심도가 높다.

두 팀의 경기는 2011/12 시즌 스완지 시티만 1부 리그로 승격하면서 중단되었지만, 그 이전 마지막 맞대결까지도 양 팀의 팬들은 난투극을 벌였다. 2012/13 시즌 잉글랜드 챔피언십[2]에 속한 카디프 시티가 1부 리그 승격을 확정지었기

때문에, 향후 2013/14 시즌 EPL에서 재개될 사우스웨일스 더비에 대한 기대와 관심이 집중되고 있다. 지금껏 단 한 번도 EPL 무대에서 펼쳐지지 않은 사우스웨일스 더비는 이제 EPL 무대를 통해 전 세계 팬들과의 첫 만남을 기다리고 있다.

2013/14 시즌에 사우스웨일스 더비가 성황리에 재개된다면, 국내 팬들에겐 '보너스'와도 같은 멋진 장면이 주어질 뻔했다. 스완지 시티에서 활약하고 있는 기성용과 카디프 시티에서 활약하고 있는 김보경 간의 '코리안 더비'가 그것이었다. 그러나 스완지의 기성용이 선덜랜드로 임대를 감에 따라 코리안 더비는 아쉽게도 당분간 무산되었다.

이스탄불 더비 (갈라타사라이 SK vs 페네르바체 SK / 터키)

'축구'라기보다 '전쟁'에 가까운 더비이다. 04/05 챔피언스리그 결승에서 전반을 0-3으로 뒤지던 리버풀이 후반에만 3골을 몰아넣으며 동점을 만들고 끝내는 승부차기를 통해 우승을 차지한 '이스탄불의 기적'과 헷갈리는 축구 팬들이 종

---

2) 잉글랜드 2부리그

종 있는데, '이스탄불 더비'와 '이스탄불의 기적'은 전혀 다른 매치이다. 굳이 연관점을 찾자면 그 당시 결승전이 열렸던 '아타튀르크 올림픽 스타디움'이 잠시 동안 이스탄불 더비의 주인공인 '갈라타사라이'의 홈구장으로 쓰였다는 점 정도?

 이스탄불 더비는 국내에서는 ITV에서 취재한 '검은 토요일 사건'의 영상이 알려지면서 화제가 되기도 했다. 2012년 말에서 2013년 초에는 유명 축구 웹툰 작가인 '샤다라빠'가 터키로 축구 여행을 가 이스탄불 더비를 관람한 여행기를 웹툰으로 연재하면서, 터키의 문화와 축구의 열기 등을 생생하게 전달하기도 했다.

 두 팀이 가지는 가장 큰 차이 중 하나는 바로 지리적인 차이다. 두 팀은 각각 서(西) 이스탄불을 연고로 하는 갈라타사라이와 동(東) 이스탄불을 연고로 하는 페네르바체이기 때문에 유럽과 아시아로 대륙이 갈리는 현상도 벌어지고 있다. 이 때문에 보이지 않는 양 팀 팬들 간의 지역감정이 이들의 분위기를 격화시키는 역할을 한다.

 두 팀의 더비는 1909년 1월17일 펼쳐진 친선 경기가 그 시작이 되었다. 때문에 초창기의 더비 분위기는 지금과는 달리 상당히 친화적이었다. 다른 나라로부터 건너온 팀들이 유난히 많았던 터키리그 초창기, 터키만의 독자적인 팀들을 늘리자는 목소리가 고조되어 두 팀은 서로 협약을 체결하거나 터키 축구의 발전을 위해 함께 박물관을 설립하는 등 우호적인 관계를 이어왔다.

 그러던 1934년 2월23일, 여느 때처럼 열었던 서로 간의 친선 경기에서 양 팀 선수들의 승부욕이 폭발하면서 예상치 못한 사태가 벌어졌다. 경기 중 과열된 분위기는 경기가 끝난 뒤 선수들의 집단 충돌로 이어졌고, 둘의 우호적 관계가 깨지고 말았다.

이후 두 팀은 많은 인기를 모으며, 터키 슈퍼 리그의 최고 인기 팀으로 성장했다. 높은 인기만큼 좋은 성적을 유지해오면서 중요한 순간마다 맞대결을 펼쳐왔다. 그 결과, 두 팀이 터키 리그에서 인지도와 성적을 굳건히 할수록 팬들 사이에 벌어져 있던 감정의 골은 더욱 깊어졌다.

그라운드에 물병을 포함한 각종 오물을 던지는 건 기본이고, 심지어 좌석의 의자를 떼어내 상대 선수들에게 집어 던지거나 무기로 사용하고, 경기장의 각종 시설들을 부수기도 했다. '전쟁'을 치러온 두 팀에게 평화란 있을 수 없다. 마주치기만 하면 숱한 신경전과 싸움으로 일관해오고 있는 양 팀은 이제 다시는 과거처럼 친해질 수 없는 사이가 되었다.

국내에서도 호기심에 이스탄불 더비를 보러 가고 싶다는 축구 팬들도 있는데, 개인적으로는 컴퓨터를 통해 축구 경기만 시청하기를 권고하고 싶다.

리스본 더비[오 클라시쿠]
(SL 벤피카 vs 스포르팅 CP / 포르투갈)

각 팀의 상징색인 '빨강'과 '초록'이 경기장을 가득 채우고 있는 모습은, 마치 거대한 포르투갈의 국기를 보고 있는 듯한 착각을 유발한다. 포르투갈만의 색채를 가장 잘 표현하고 있는 것으로 알려져 있는 '리스본 더비'는 포르투갈의 수도 리스본을 연고로 하는 SL 벤피카와 스포르팅 CP가 벌이는 더비다.

본래 상류층의 지지와 지원을 독식하던 스포르팅은 창단 이래 50년 간 리스본 지역을 대표해 왔다. 그런 스포르팅에 비해 별다른 지원도 없이 일반 노동자층의 응원을 받던 벤피카는 기본적인 선수 영입과 훈련 시설도 마련하기 어려워 팀 운영에 어려움을 겪고 있었다. 때문에 리스본 더비에서도 우위를 점하던 스포르팅은 벤피카와 그들의 팬들을 폄하하고 깎아내렸다.

 그러나 스포르팅 유스팀에서 벤피카로 건너온 한 축구 천재에 의해 리스본 더비의 역사는 전환기에 접어들게 된다. '포르투갈의 축구 영웅'인 에우제비오가 바로 주인공이었다. 에우제비오는 벤피카에 입단한 이후 단숨에 자신의 팀을 포르투갈 최고의 클럽으로 성장시키는데 공헌했다. 오랫동안 스포르팅에 가려 자존심을 구겨왔던 벤피카는 에우제비오의 활약 속에 첫 전성기를 맞게 됐고, 자존심을 긁어오던 스포르팅의 팬들에게도 복수하는데 성공했다. 이러한 흐름은 리스본 더비의 라이벌 열기에 불을 붙이는 결정적인 계기가 되었다.

 뿐만 아니라, 역사적으로 격차가 컸던 두 팀의 지지층은 스포르팅을 지지하던 귀족층과 벤피카를 지지하던 일반 서

민층의 대립으로 라이벌 열기가 이어지게 되었다.

아쉽게도 지금은 포르투갈 리그의 경쟁력 하락과 함께 리스본 더비의 경쟁력도 침체되고 있지만, 리스본 더비만의 강한 열기와 라이벌 의식은 두 팀의 성적, 전력과는 관계없이 그대로 이어지고 있다.

바이에른 더비
(FC 바이에른 뮌헨 vs 1. FC 뉘른베르크 / 독일)

독일 남쪽에 위치한 바이에른(바바리아/bavaria) 주에서 일어나는 모든 축구 경기를 통틀어 '바이에른 풋볼 더비(Bavarian football derbies)'라고 부른다. 이 중에는 바이에른 더비와 뮌헨 더비, 아우구스부르크 더비, 퓌르트 더비 등 독일의 여러 주요 더비들이 포함되어 있다.

독일의 축구 역사가 깊은 만큼, '바이에른 풋볼 더비'의 핵심 더비들도 시대의 흐름에 따라 지속적으로 변화해 왔다. 1920년도에는 1. FC 뉘른베르크와 SpVgg 그로이터 퓌르트의 맞대결이 바이에른 풋볼 더비의 중심 더비로 인기를 끌었고, 이후에는 당시 상위 랭킹에 위치해 있던 TSV 슈바벤

아우구스부르크와 BC 아우구스부르크 간의 맞대결인 '아우구스부르크 더비'가 바이에른 지역을 대표하는 인기 더비로 떠올랐다.

이렇듯, 시대에 따라 바이에른 주를 대표해왔던 축구 더비들은 모두 당대 독일 축구의 핵심이자 상위권에 위치해 있던 강팀들 간의 대결이었다는 공통점을 지니고 있다. 바꿔 말하면, 바이에른 주를 연고로 하는 팀들이 오랫동안 독일 축구의 패권을 쥐고 있었다는 의미가 된다.

하지만 60년대 아우구스부르크 팀들의 몰락을 시작으로, 바이에른 더비들을 구성해왔던 대부분의 팀들이 성적 부진을 면치 못하고 하위리그로 추락하자 바이에른 지역의 축구 경쟁력도 점차 이전의 모습을 잃어가기 시작했다. 당연히 독일 축구의 중심 역할을 해왔던 '바이에른 풋볼 더비'의 경쟁력도 동시에 낮아질 수밖에 없었다.

현재까지도 바이에른 풋볼 더비는 이전과 같은 경쟁력을 회복하지 못하고 있다. 전성기 때의 모습을 잃은 팀들은 아직까지도 하위 리그에 머무르고 있고, 시대를 거듭할수록 새롭게 생겨난 팀들마저 상위권에 오르지 못하고 있다. 심지어 이전의 영예를 잃고 역사 속으로 사라진 팀들도 존재하고 있는 상황이다. 하지만 이 바이에른 주의 역동적인 축구 역사 속에서도 오랜 시간 강팀으로서의 위치를 유지해온 두 클럽이 있다. 바이에른 뮌헨과 1. FC 뉘른베르크가 그들이다.

나란히 1900년에 창단된 두 클럽은 바이에른 주의 클럽 중에서 가장 꾸준한 성적을 유지해온 팀으로 알려져 있는데, 이 때문에 거의 몰락한 바이에른 풋볼 더비의 열기는 대부분 뮌헨과 뉘른베르크의 맞대결인 '바이에른 더비(The Bavarian derby)'에 집중되어 있다. 뿐만 아니라 분데스리가 최다 우승 부문에서도 1, 2위를 다투고 있는 명문 클럽간의 대결이기 때문에, 이들의 경기에는 언제나 치열함이 반영되어 있는 것이 특징이다.

바이에른 지역의 열기가 모두 집중되어있는 만큼, 두 팀을 응원하는 팬들의 응원 열기도 그만큼 치열하다. 팬들의 분위기는 고스란히 팀들에게도 이어져 한 지역을 대표하는 라이벌 매치만큼의 위력을 발휘하기도 한다.

한편, 바이에른 더비를 놓고 부르는 팬들과 언론의 명칭은 다양하다. 대체적으로 '바이에른 더비'로 부르는 경향이 많지만, 자신들을 바이에른 사람으로 인식하지 않는 뉘른베르크 팬들은 'Franconian-Old Bavarian derby(프랑코니언-늙은 바이에른인의 더비)'라고 부르고 있다.

데르비 파울리스타 [파울리스타 더비]
(SE 파우메이라스 vs SC 코린치안스 파울리스타 / 브라질)

브라질의 가장 최고의 라이벌로 꼽히고 있는 SE 파우메이라스와 SC 코린치안스 파울리스타 간의 맞대결은 '파울리스타 더비'라고 불린다. 파우메이라스와 코린치안스가 오랜 라이벌 관계를 형성하고 있는 이유는 바로 같은 상 파울루 시를 연고로 하는 로컬 더비의 관계에 놓여있기 때문이다.

오래 전 상 파울루 시에는 많은 유럽인들이 이주해 살고 있었다. 이들은 주로 영국인과 이탈리아인이었는데, 그들은 유럽 대륙에서 왔다는 공통점과 함께 각 나라의 자존심을 걸며 여러 분야에서 경쟁하고 있었다. 그러던 중 영국인들과 영국계 회사 소속의 노동자들이 영국인을 위한 축구 클럽 SC 코린치안스를 창단시켰고, 그 팀은 순식간에 상 파울루 시의 최고 인기 클럽이 되는 듯 보였다.

하지만, 이를 지켜보고 있던 이탈리아인들 역시 축구에서 영국인들에게 뒤지고 싶지 않았고, 결국 그들을 견제하고자 이탈리아인들을 위한 클럽인 SE 파우메이라스를 창단했다. 코린치안스와 파우메이라스는 각 팀을 창단한 창단인들 덕분에 각각 영국색과 이탈리아색을 짙게 반영하고 있었으며, 이러한 차이는 창단 초기부터 자연스러운(?) 대립 관계가 형성될 수밖에 없었다.

양 팀은 브라질 리그의 제도로 인해 지역 챔피언십과 컵대회, 리그 등에서도 자주 부딪히며 오랜 시간 동안 라이벌 관계를 형성했다. 두 팀의 역사가 브라질 내에서도 깊어지다 보니 대다수의 영국인과 이탈리아인이 상 파울루 시를 떠난 이후에도 라이벌 관계를 이어갔다. 가장 최근에 발표한 통계에 따르면 파우메이라스는 1,700만, 코린치안스는 무려

2,900만 명의 팬 층을 보유하고 있다고 한다. 두 팀을 합쳐 무려 4,000만여 명의 사람들이 더비에 빠져든다고 하니 이는 웬만한 나라의 인구수와 맞먹는 수준이다. 그러니 '데르비 파울리스타'가 열리는 경기장은 그 수용 인원이 6만 명이 넘음에도 불구하고 작게만 느껴지는 것이다.

2. 내셔널더비

데 클라지커르

(AFC 아약스 암스테르담 vs 페예노르트 로테르담 / 네덜란드)

 '클래식(Classic)'이라는 단어의 원래 의미는 '일류의, 최고 수준의, 대표적인'이라는 뜻을 가지고 있는데, 국내에서는 고전 음악의 여파 때문인지 '고전적인'의 의미로 인지하고 있는 사람들이 많다. 그랬기에 2013년 초, 국내 축구의 1부 리그 명칭이 'K리그 클래식'으로 지정되었을 때도, 클래식의 뜻을 '고전적'으로만 알고 있던 축구팬들은 의아할 수밖에 없었다.

 하지만, 축구계에서 클래식이란 용어는 대체적으로 '일류의, 대표적인'의 뜻으로 쓰이고 있다. 마찬가지로 최고 수준의 더비에도 '클래식'이라는 이름이 붙는데, 스페인의 엘 클라시코, 아르헨티나의 수페르 클라시코, 그리고 네덜란드의 데 클라지커르가 위와 같은 경우의 대표적인 예이다. 참고로 클라시코와 클라지커르는 각각 클래식의 에스파냐어, 네덜란드어 발음이다.

네덜란드를 대표하는 '일류의 더비'라는 별명을 갖고 있는 '데 클라지커르'는 네덜란드의 전통적인 라이벌 아약스와 페예노르트의 맞대결을 가리킨다. 아약스와 페예노르트는 모두가 인정하는 네덜란드의 대표 클럽이다. 이들 간의 맞대결은 네덜란드를 대표하는 두 클럽간의 맞대결이라는 의미에서 '내셔널 더비' 범주에 속한다. 아약스와 페예노르트는 1956년 에레디비지에[3]가 출범하기 전부터 라이벌 관계를 이어왔는데, 이 때문에 데 클라지커르도 네덜란드 축구에서 빼놓을 수 없는 역사와 전통을 지니고 있는 더비로 유명하다.

　데 클라지커르에서 아약스와 페예노르트가 치열한 맞대결을 펼치는 이유는 당연하다. 아약스의 연고지인 네덜란드의 수도 암스테르담과 페예노르트가 연고로 하는 로테르담은 지역적으로나 문화적으로나 서로 상반되는 분위기를 띄고 있기 때문이다.

　페예노르트의 연고지인 로테르담은 유럽 최고의 항구도시로 그곳의 시민들은 모두 근면하고 굳게 단결되어 있는 것이 특징이다. 그러나 로테르담의 시민들은 열심히 일하는 만큼 국가적으로 그 공을 인정받지 못해왔고, 이로 인해 암스테르담과 같은 부유한 대도시들로부터 소외되어 왔다. 특히 상위 계층들로 이루어진 수도 암스테르담의 시민들은 로테르담 시민들의 노동력을 이용해 그들의 부와 명예를 창출해 냈기 때문에, 로테르담의 시민들은 암스테르담을 향한 불만이 가득했다.

---

[3] 네덜란드 프로축구 1부 리그

소외받아오던 로테르담의 시민들이 자신들의 불만을 표출할 수 있는 무대는 바로 축구였다. 때마침 당시 네덜란드 축구는 아약스와 페예노르트의 양강 체제가 뚜렷했기 때문에, 아약스와 맞대결을 펼치게 되는 날이면 로테르담의 시민들은 페예노르트가 아약스를 꺾기를 간절히 응원했다.

 도시 간의 경제적인 차이에서 출발하게 된 두 팀 간의 관계는 대도시를 향한 로테르담 시민들의 분노가 더해지면서 점점 더 치열해질 수밖에 없었다. 그러나 1956년 에레디비지에의 출범 이후, 아약스와 페예노르트의 자리를 위협하는 중위권 팀들이 여러 번 도전장을 내밀었고, 동시에 페예노르트도 시간이 지날수록 그 전력이 노쇠해졌기 때문에 최근 들어서는 데 클라지커르의 치열함과 경쟁력이 다소 떨어져 있다.

 네덜란드 축구의 최고의 더비는 '데 클라지커르'임에도 불구하고, 최근 20년간 페예노르트는 나날이 쇠퇴하며 그저 그런 팀으로 몰락했고, 그러는 사이 PSV 아인트호벤이 반격에 나서면서 페예노르트를 제치고 네덜란드 상위 클럽으로 도약하는데 성공했다.

상승세를 탄 PSV 아인트호벤의 팬들은 네덜란드 최고의 클럽인 AFC 아약스의 기세마저 꺾겠다며 수차례 도전장을 내밀었고, 처음엔 라이벌로 여기지 않던 아약스의 팬들도 자신들의 자존심과 최고의 자리를 지키기 위해 강하게 맞서기 시작하면서 '뉴 클라지커르'가 새롭게 인식되기 시작했다.

페예노르트의 몰락으로 일방적인 경기가 되어버린 '데 클라지커르'가 점차 더비로서의 치열함과 경쟁력을 잃어가자, 네덜란드 축구의 젊은 팬들은 이젠 '뉴 클라지커르'가 네덜란드를 대표하는 최고의 더비가 되어야한다고 주장하고 있다. 실제로도 우승 경쟁이나 순위 싸움 등의 요소로 인해 뉴 클라지커르는 나날이 그 경쟁력을 높여가고 있고 동시에 양 팀의 팬들도 서로를 라이벌로 생각하는 감정이 치솟고 있기 때문에, 데 클라지커르에 비해 네덜란드의 실질적인 최고의 내셔널 더비로 꼽히고 있다.

달라진 네덜란드 축구의 서열과 함께, 뉴 클라지커르는 네덜란드 축구의 대표적인 더비로 올라섰다. 네덜란드 축구의 매력, 더비로서의 치열함을 느끼기 위해서라면 이젠 데 클라지커르보다 뉴 클라지커르에 주목해야 한다.

지지대 더비[오리지널 클라시코]
(수원 삼성 블루윙즈 vs 안양 LG 치타스(現 : FC안양) / 대한민국)

(사진 출처 : soccernet-asia, 다음 'I love soccer'의 '이타적 플레이'님)

'닭날개' vs '치토스'

명실상부 대한민국 최고의 클래식 더비였던 '지지대 더비'를 가리키는 표현 중 하나이다.

현재 국내 축구에서 가장 치열한 라이벌 간의 더비 매치를 꼽는다면 단연 수원 삼성 블루윙즈와 FC서울이 맞붙는 '슈퍼매치'를 꼽을 수 있다. 그리고 이 슈퍼매치에 대한 올바른 이해를 위해서는 '지지대 더비'의 유래를 알아야 한다. 안양 LG 치타스가 서울로 연고를 이전하기 전까지, 지지대 더비는 국내 축구를 대표하는 가장 치열한 더비 매치였다.

현재 많은 축구 팬들에게 지지대 더비는 FC서울과 수원 삼성 블루윙즈의 슈퍼매치로 알려져 있다. 하지만 지지대 더비는 슈퍼매치의 탄생에 기여만 했을 뿐이다. 지지대 더비의 주인공인 안양 LG 치타스는 현재 FC서울의 전신으로 2003년까지 존재했는데, 우리가 알고 있는 슈퍼매치는 안양 LG 치타스가 2004년 서울로 연고를 이전하면서 수원 삼성과 FC

서울 간의 싸움으로 새롭게 탄생했기 때문이다. 수원과 서울 간의 싸움에 연고를 빼앗긴 안양의 팬들은 별다른 관련이 없다. 따라서 서로의 팀을 응원하는 팬들이 별개이듯이, 지지대 더비와 슈퍼매치를 같은 더비로 보기는 어렵다.

또 2013년 안양이 새롭게 FC 안양이라는 이름으로 2부 리그에 참가함으로써 지지대 더비는 '오리지널 클라시코'라는 이름으로 다시 그 스토리를 이어갈 수 있게 되었다. 만약 지지대 더비와 슈퍼매치를 같은 더비로 평가하게 되면, 이후부터 다시 쓰여질 수원과 안양간의 '지지대 더비(오리지널 클라시코)'는 그 역사를 이어갈 수 없게 되는 셈이다.

(사진 : 다음 'I love soccer'의 '이타적 플레이'님)

지지대 더비를 탄생시킨 핵심 인물은 1996년 당시 수원 삼성 블루윙즈의 수석코치를 맡았던 조광래 전(前)국가대표 감독이다. 조광래 수석코치는 수원 삼성 블루윙즈의 감독이었던 김호 감독과 극심한 불화를 겪었는데, 이를 계기로 조광래 코치는 1997년 수원 삼성을 떠나 1999년 안양 LG 치타스의 감독으로 부임하게 되었다. 이로 인해 수원 삼성과 안양 LG는 두 감독 사이의 껄끄러운 분위기가 선수들과 팬들에게도 그대로 전해지면서 라이벌 관계가 형성되기 시작했다.

본래 수원과 안양은 상위권에서 접전을 펼치면서 만날 때마다 숱한 명승부를 만들어냈다. 더비이기 이전부터 이들의 맞대결은 언론과 팬들의 관심을 샀고, 경기에 임하는 선수들의 각오 역시 남달랐다. 여기에 '조광래 vs 김호'라는 새로운 경쟁구도가 추가되니 맞대결의 긴장감이 증가했고, 그만큼 경기의 분위기 또한 뜨겁게 달아올랐다. 이때부터 이들의 맞대결은 라이벌전이 되었으며, 보통 경기와는 다른 양상으로 흘러가기 시작했다.

지지대 더비를 탄생시킨 인물이 있다면, 이 더비에 불을 지핀 핵심 인물도 있다. 90년대 국가대표 '날센돌이' 서정원이 그 주인공이다. 서정원은 1997년, 안양에서 선수 생활을 하던 중 프랑스의 RC 스트라스부르의 제의를 받아들여 프랑스 무대에 진출하게 되었다. 이 과정에서 안양은 서정원과 'K리그 무대에 복귀한다면 원 소속팀인 안양 LG로 돌아올 것'이라는 계약을 받아내는데 성공했다. 그러나 1999년 K리그로 다시 돌아온 서정원이 택한 팀은 안양 LG가 아니라 안양과 적대 관계가 형성되어 가던 수원 삼성이었다.

지지대 더비 최고의 스토리 메이커였던 서정원. 현재는 수원 삼성 블루윙즈의 감독을 맡고 있다. / 사진 : 수원 삼성 블루윙즈

안양은 서정원이 계약을 어겼다며 수원과 치열한 법정공방까지 벌이게 되었는데, 이 과정에서 두 팀 간의 관계가 더욱 악화되면서 안양과 수원 간의 맞대결의 열기는 불이 붙게 되었다.

 실제로 서정원은 이 더비에서 불을 꺼내게 만든(?) 선수로도 유명한데, 서정원의 배신에 분노를 감출 수 없었던 안양 서포터들이 경기 중에 서정원의 유니폼을 불로 태우는 '유니폼 화형식'을 거행했던 것이다. 이 두 가지의 '스토리'에 라이벌 의식이 강한 삼성과 LG이라는 모기업 간의 대립, 축구에서 수도권을 대표하는 두 팀 간의 맞대결이라는 의식이 더해지면서 지지대 더비는 그 치열함을 더해가기 시작했다.[4]

 두 팀이 만나면 매번 명승부가 펼쳐졌고, 그럴수록 경기를 기다리는 축구 팬들의 관심도 역시 뜨거워져 갔다.

 당시 지지대 더비의 격렬함은 그라운드 밖에서도 이어졌다. 원정 팀의 유니폼을 입고 홈 팀 서포터들과 마주치게 되면 그 날은 멀쩡히 집에 돌아갈 확률이 없었다. 경기 중에도 선수들 간의 다툼과 기싸움이 지속되었고, 일부 선수들은 상대팀의 벤치를 도발하는 다소 위험한 골 세레머니를 하기도 했다. 뚜따와 히카르도, 에닝요가 바로 그들이었다. 양 팀 간의 더비에 스토리가 추가될수록, 자연스럽게 양 팀의 서포터즈 역시 한층 더 과열된 양상을 띠게 되었다.

---

4) 한편, 지지대 더비에서 지지대는 수원시와 안양시의 경계에 위치한 국도 제1호선의 지지대 고개를 의미하는데, 이로 인해 수원시와 안양시를 대표하는 두 클럽간의 맞대결에도 이 지지대 고개의 명칭이 사용되었다.

 프로 축구 최고의 더비로 떠오른 지지대 더비는 2004년 3월 안양 LG가 연고지를 서울로 이전하며 FC 서울이라는 이름을 달게 되면서 역사 속으로 사라지게 되었다. 그러나 2013년부터 안양시가 FC 안양의 이름으로 프로 축구에 다시 뛰어들기 시작하면서 축구 팬들의 향수로 남은 지지대 더비도 다시 부활하는 것이라는 기대가 높아져가고 있다. 이 두 팀은 2013년 5월8일 열렸던 FA컵 경기에서 다시 만나 운명적인 재회를 가졌는데, 경기는 수원 삼성의 극적인 2-1 승리로 끝이 났다.

 안양과 수원의 라이벌 의식이 여전한지는 알 수 없다. 하지만 아직 지지대 더비의 추억을 간직하고 있는 양 팀 팬들은 건재하다. 이미 2013년 열린 FA컵 경기에서 양 팀은 라이벌 간의 재회를 축하하는 입장을 밝히기도 했다. 아직 FC 안양은 2부 리그인 'K리그 챌린지'에 머물러 있지만, 머지않아 'K리그 클래식'으로의 승격과 함께 팀 전력을 튼튼히 갖 춰나간다면 수원과의 맞대결의 분위기는 다시 한 번 달아오 를 것으로 전망된다.

슈퍼매치[ㅅㅇ더비]
(수원 삼성 블루윙즈 vs FC서울 / 대한민국)

(사진 : 쑥덕기덕님(@theyo30), 수원 삼성 블루윙즈)

'슈퍼매치'는 '지지대 더비'를 배경으로 새롭게 탄생한 더비이다.

2004년 안양 LG가 안양의 서포터즈를 무시하고 연고를 서울로 이전한 행위로 인해 FC 서울은 타 팀 팬들에게 '북쪽의 패륜 팀'이라는 뜻을 가진 '북패'라는 불명예스러운 별명을 얻게 되었다. 기존 안양과 라이벌 관계에 놓여있던 수원의 팬들마저도 LG의 이와 같은 행위를 맹비난하고, 기존 안양에서 뛰던 멤버들이 다수 속해 있는 서울에 대해 적지 않은 적개심을 드러내자 FC서울의 서포터즈 역시 이에 맞대응하기 시작했던 것이 지지대 더비의 열기가 슈퍼매치로 이어진 이유이다.

비록 더비의 주인공인 한 팀의 연고와 명칭은 바뀌게 되었지만 더비를 구성하던 선수와 코칭스태프 등은 모두 그대로 넘어오면서 K리그 최고의 더비라는 두 팀의 라이벌 의식은 그대로 이어졌고, 결국 K리그에서는 지지대 더비와는 별개로 수원과 서울의 맞대결이라는 '슈퍼매치'가 탄생하게 되었다.

2008시즌 열린 슈퍼매치, 서울 팬들에겐 아쉬움을, 수원 팬들에겐 무엇과도 바꿀 수 없는 감동을 준 시즌이었다. (사진 : 수원 삼성 블루윙즈)

사실 FC 서울이 연고를 이전한 이후 2000년대 중반까지, 양 팀의 경기엔 이렇다 할 스토리와 더비로서의 경쟁구도가 분명하게 형성되지 않았다. 이 때문에 슈퍼매치는 지지대 더비의 '상실'로 더 이상 리그를 대표할 라이벌전을 잃은 프로 축구연맹과 언론들이 인위적으로 만들어낸 더비라는 비판이 줄지 않았으며, 지지대 더비와 비교해 축구팬들의 관심을 집중시킬 요소에도 부족함이 많았다. 하지만 터키의 샤놀 귀네슈 감독이 서울의 감독으로 부임한 이후, 슈퍼매치는 단숨에 많은 축구팬들의 관심을 불러 모으는 K리그 최고의 더비로 성장할 수 있게 된다.

귀네슈 감독은 FC 서울로의 부임 이후, 팀에 남아있던 유망주들을 확실하게 성장시켜 단숨에 스타플레이어로 만드는 데 성공했다. 이들 중 대표적인 선수가 바로 '쌍용'으로 불리고 있는 기성용과 이청용이다. 차범근 감독이 부임하던 때, '레알 수원'이라는 평가까지 받으며 스쿼드와 코칭 스태프진 모두 대단한 이름값을 자랑하고 있던 수원 삼성과 FC 서울의 선수 및 감독 간의 경쟁구도는 바로 여기서부터 본격적으로 형성되기 시작하였으며, 이러한 새로운 경쟁구도의 탄생은 더비의 열기를 지피는 계기가 되었다.

이들의 라이벌전이 중요한 의미를 담기 시작한 건 2008년 시즌이었다. 물론 그 전에도 슈퍼매치의 스토리를 책임지는 팬들의 응원 열기와 설전 또한 뜨거웠지만, 양 팀이 서로를 라이벌로 확실하게 인식하게 된 계기가 된 건 이 때부터였다. 당시 서울과 수원은 리그 1, 2위 팀으로서 리그와 플레이오프에서의 맞대결 모두 상당히 중요하다는 인식을 공유하고 있었다.

2008 시즌 정규리그에서 있었던 슈퍼매치에서는 각각 원정팀이 0-2, 0-1로 승리해. 서로 1승씩을 나눠 가졌다. 특히

10월 29일 빅버드[5]에서 있었던 정규리그 두 번째 슈퍼매치에서는 FC 서울의 기성용이 종료 직전 결승골을 뽑아 넣으며 적진에서 팀의 정규리그 1위 등극을 이루어냈다.

2008시즌 나란히 1, 2위를 기록한 두 팀은 챔피언결정전에서도 맞붙어 더욱 치열한 맞대결을 펼쳤다. 상암 월드컵 경기장에서 있었던 1차전에선 양 팀이 1-1로 비겼고, 이제 모든 관심은 수원 월드컵 경기장에서 펼쳐지는 2차전에 집중됐다. 귀네슈 감독과 차범근 감독, 그리고 그들과 함께 했던 선수들은 모두 2차전에서 승부가 갈라질 것이라는 생각에 극도의 긴장을 늦추지 않았다. 이는 팬들 역시 마찬가지였다. 경기가 다가올수록, 우승을 바라는 염원과 경기에 대한 긴장으로 예년 슈퍼매치와는 다른 양상을 보여주었다.

경기를 펼치는 선수들의 표정에도 긴장한 기색이 역력했다. 결국 서울의 수비진이 볼 처리에서 미스를 보인 틈을 타, 수원 삼성의 에두가 전반 11분 선제골을 넣었다. 홈 팀인 수원이 선제골을 넣다보니 경기의 분위기는 자연스레 수원 쪽으로 넘어가고 말았다. 그러나 곧 정조국이 페널티킥 찬스를 득점으로 연결시켜 점수를 다시 원점으로 돌렸고, 전반 36분 송종국이 페널티킥 찬스를 가까스로 성공시키면서 경기는 2-1 수원 삼성이 앞서나가는 흐름으로 이어졌다.

이후 양 팀 모두에게 수차례 좋은 기회가 있었으나 모두 골로 연결되지는 못했다. 오히려 더 급한 모습을 보여주던 팀은 서울이었고, 골대를 맞추거나 선방에 막히는 등 아쉬운

---

[5] 수원 월드컵 경기장의 애칭

장면은 계속되었다. 결국 후반 추가시간부터 갑작스레 내린 눈과 함께 경기는 수원의 2-1 승리로 끝이 났다. 수원 선수들과 팬들에게는 기쁨의 눈, 서울에게는 눈물을 대신하는 눈이었다.

2008 시즌 있었던 4차례의 슈퍼매치는 모두 예년의 슈퍼매치와는 다른 최고의 명승부로 꼽힐만한 경기였다. 이후부터 양 팀은 서로를 라이벌로 바라보는 인식이 더욱 강해졌고, K리그를 주도하는 최고의 라이벌 관계로 성장할 수 있게 되었다. 이와 같은 명승부는 슈퍼매치에 대한 기존의 비난의 목소리를 말끔하게 씻어내는 계기가 되었다.

이후에도 수원과 서울은 서로에 대한 라이벌 의식을 공유하며, 만날 때마다 최고의 명승부와 격렬한 몸싸움, 신경전을 이끌어냈다.

'프렌테 트리콜로'와 '수호신' 간의 서포터즈 응원 열전. 슈퍼매치를 빛내주는 중요한 경쟁 구도 중 하나이다.

특히 2012시즌 있었던 FA컵 경기가 그러했는데, 양 팀의 경기가 너무 과열된 나머지 반칙이 난무했고, 부상자도 속출했다. 결국 이 날 양 팀은 공식적으로 42개의 파울과 8개의 경고, 1개의 퇴장을 기록하며 과열된 라이벌 전의 면모를 보여줬다. 최근에는 FC서울이 수원을 상대로 연이어 약한 모습을 보여주고 있다. 2010년 중반 윤성효 감독이 부임한 이후 무려 슈퍼매치 7연패을 이어가는 등 무려 9경기 째 승리를 거두지 못하고 있다(2013년 7월 기준). 이 때문에 수원 삼성의 팬들은 서울을 라이벌로 생각하지 않는다는 발언으로 도발을 감행하고 있고, 화가 난 서울의 팬들은 슈퍼매치에서 이기지 못했다는 이유로 자기 팀 버스 앞에 드러누워 공개적으로 감독과 선수들에게 불만을 토로하기도 했다.

국민적인 관심과 이목을 끄는 슈퍼매치는 분명 대한민국 K리그 최고의 더비임에 틀림없다. FC서울이 오랜 무승 징크스를 깨고 다시 슈퍼매치에서 우위를 점하기 시작한다면 서로간의 라이벌 전이 더욱 열띤 양상을 띠게 될 것이다.

데어 클라시케[독일 내셔널 더비]
(FC 바이에른 뮌헨 vs 보루시아 도르트문트 / 독일)

한 나라를 대표하는 두 팀의 대결을 주로 '내셔널 더비'라고 부른다. 네덜란드의 대표적인 더비로 언급했던 데 클라지커르나 뉴 클라지커르도 수많은 '내셔널 더비'중 하나로 알려져 있다. 독일에서 '내셔널 더비'의 주인공을 꼽자면 어떤 팀을 고를 수 있을까? 최근 엄청난 행보를 이어가고 있는 FC 바이에른 뮌헨과 보루시아 도르트문트를, 대다수의 축구 팬들은 떠올리지 않을까 한다. 실제로 독일 내에서는 이 두 팀의 매치를 내셔널 더비, '데어 클라시커' 라고 부른다.

뮌헨과 도르트문트의 우승 경쟁이 지금과 같이 치열했던 90년대 중후반, 데어 클라시커의 열기는 정점으로 올라섰다. 90년대 중반에는 도르트문트가 데어 클라시커를 승리로 장식하며 리그 정상에 올라섰지만, 90년대 후반부터는 뮌헨이 데어 클라시커에서 승리하며 리그 정상의 자리를 탈환했다. 물론 양 팀 모두 기대만큼의 활약을 펼치지 못하고 침체되어 있던 시기도 있었지만, 최근 들어 분데스리가는 다시 뮌헨과 도르트문트의 우승 경쟁 구도가 펼쳐지면서 데어 클라시커의 열기도 정점을 향해 올라서고 있다.

독일 축구를 대표하는 이 두 거인들은 최근에도 선두권 자리를 놓고 경쟁하고 있다. 양 팀의 감독들과 선수들은 라이벌 매치를 승리로 장식하기 위해 애를 쓰고 있다. 그만큼 양 팀에게 사활을 건 승부가 될 수밖에 없다.

엘 클라시코[엘 데르비 에스파뇰]
(레알 마드리드 CF vs FC 바르셀로나 / 스페인)

'세계 최고'를 말하는 이는 많지만 모두에게 최고로 '인정' 받는 경우는 많지 않다. 그것은 축구 선수도, 팀도, 더비도 마찬가지다. 세계 최고라고 하는 기준은 저마다 다르게 나타나기 때문에, 세계 최고의 '○○'이라는 것이 모두에게 인정받게 되는 경우는 거의 없는 것이다. 그러나 '세계 최고의 더비'를 칭함에 있어서는 많은 사람들이 한 목소리를 낸다. 바로 레알 마드리드와 FC 바르셀로나가 맞붙는 '엘 클라시코' 가 그것이다.

'엘 클라시코'는 'the classic'의 스페인식 발음이다. 이는 앞서 언급했던 네덜란드의 '데 클라지커르'와 의미가 같다. 스페인 내에서는 엘 클라시코를 가리키는 용어가 다양하다. '엘 수퍼클라시코'와 '엘 그란 데르비', '엘 데르비 에스파뇰', '엘 데르비'. 이는 모두 레알 마드리드와 FC 바르셀로나의 경기를 가리키는 말이다.

레알 마드리드와 바르셀로나가 라이벌 의식을 느끼게 된 계기는 스페인의 역사적 환경에 기인한다. 스페인의 두 대표 클럽 중 하나인 레알 마드리드는 카스티야(CASTILLA) 왕국의 마드리드를 대표하는 클럽이고, FC 바르셀로나는 카탈루냐(CATALUNA) 지역을 대표하는 클럽이다. 스페인은 원래 카스티야, 카탈루냐, 바스크 등의 왕국으로 나뉘어 있었는데, 마드리드를 중심으로 막강한 힘을 가진 카스티야 왕국이 주변의 다른 왕국을 잇달아 통합하면서 스페인 왕국을 새롭게 세우게 되었다. 그러나 유난히 민족적인 색이 강했던 카탈루냐 왕국 출신의 사람들은 다른 지방과 통합되는 것을 꺼려하며 독립을 요구했고, 이 과정에서 통합을 요구하던 카스티야와 신경전을 벌이게 되었다. 두 도시 간의 악감정은 축구 경기에서도 강하게 표출됐고 결국 그들 간의 축구 경기는 두 도시 간의 자존심 싸움으로까지 번지게 됐다.

이후 두 도시는 정치적인 견해에서도 차이를 불러오며, 스페인 내전을 발생시키게 되었다. 카스티야와 카탈루냐 지역의 사람들은 직접적으로 충돌하며 전쟁을 벌였고, 이 때문에 카탈루냐 지역은 카스티야를 중심으로 세워진 스페인 정부에 대항해 반정부 세력이 되었다.

 이 과정에서 스페인의 정권을 잡은 독재자 프란시스코 프랑코는 자신을 반대하는 카탈루냐 지역을 함락하는 계획을 세우게 되고, 카탈루냐 지역의 대표적인 축구팀인 FC 바르셀로나에게도 억압을 가하게 된다. 이로 인해 바르셀로나는 프랑코에 의해 팀의 이름과 엠블럼을 강제로 변경당하고 만다.

 카탈루냐 사람들은 국가의 억압과 통제로 인해 오랫동안 차별대우를 받아왔다. 독립을 원했지만, 정부의 지원을 받는 카스티야 지역의 힘이 너무 강해 독립을 요구하는 목소리를 내기조차 쉽지 않았다. 따라서 정치적인 간섭이 상대적으로 적은 바르셀로나의 홈 경기장 '누 캄프(Camp Nou)'는 카탈루냐인들이 스페인 정권에 대항하는 유일한 성지로서 자리매김하게 되었다. 특히 정부가 지원하는 클럽이던 레알 마드리드가 누 캄프를 찾아올 때마다 경기장에는 긴장감이 고조되었다.

한편, 레알 마드리드는 정부의 지원을 받아 자국 리그 우승 및 챔피언스리그 5회 연속 우승이라는 전무후무한 기록을 달성하며, 스페인을 넘어 전 세계를 대표하는 최고의 클럽으로 성장했다. 레알 마드리드의 팬들은 스스로를 세계 최고라 자부해 왔고, 바르셀로나와 맞붙는 엘 클라시코의 경기는 늘 지역감정과 자존심 싸움이 더해진 더비 경기로 자리 잡게 되었다.

두 팀의 라이벌 의식이 고조된 역사적인 사건은 1943년 스페인 국왕컵(코파 델 레이) 준결승 경기에서 발생했다. 당시 누 캄프에서 열린 준결승 1차전을 3-0의 스코어로 대승을 거둔 바르셀로나는 산티아고 베르나베우[6]에서 2차전을 맞이하게 되었다. 그러나 예상외로 2차전은 레알 마드리드가 11-1로 바르셀로나에게 대승을 거뒀고, 마드리드는 이 날의 승리로 국왕컵 결승행을 확정짓게 되었다. 하지만 이후 당시 경기에 참여했던 바르셀로나의 선수들은 충격적인 사실을 증언했다. 2차전 경기를 준비하던 중, 스페인 국가보안부장에게 협박을 받았다고 고백한 것이다. 권력과 힘에 협박당한 바르셀로나 선수들은 보안부장의 뜻대로 레알 마드리드에게 골을 내 줄 수밖에 없었고 이 사실은 스페인 사회 전역에 큰 파장을 불러일으켰다.

결국 스페인 축구협회의 조치대로 양 팀의 구단주는 모두

---

6) 레알 마드리드의 홈 경기장

퇴임했고, 이후 레알 마드리드가 공식적으로 바르셀로나에게 사과했다. 2차전 경기의 모든 기록도 무효화되었다. 그러나 팀의 공식사과가 있었음에도, 대다수의 레알 마드리드 팬들은 바르셀로나가 경기 결과에 승복하지 않고 괴상한 핑계를 대며 대패를 모면했다며 당시의 사실을 인정하지 않았다.

선수 영입 제도에 있어서도 두 팀의 이미지는 확연하게 갈라진다. 막강한 자금력을 이용해 스타플레이어 위주의 선수를 영입하는 레알 마드리드는 '갈락티코'라고 부르는 정책을 통해 최고의 스쿼드를 유지해 왔다. 그러나 라이벌 팀 바르셀로나의 정책은 레알 마드리드의 그것과는 달랐다. 바르셀로나는 유스 정책을 채택하며 어릴 때부터 유소년 클럽에서 선수를 발굴하고 성장시키는, 즉 직접 키운 선수를 1군 무대에서 활용하는 방식을 써왔다.

두 팀의 라이벌 의식을 극대화시킨 선수들도 있었다. 엘 클라시코의 오랜 역사 속에 두 팀 모두를 거쳐 간 선수들은 많았지만, 최근 엘 클라시코의 라이벌 의식에 직접적으로 영향을 끼친 대표적인 선수를 꼽으라면 그는 단연 루이스 피구이다. 포르투갈의 전설로 알려져 있는 피구는 95년부터 2000년까지 바르셀로나의 주장으로 활약했지만 갑작스럽게 레알 마드리드로 이적했고, 그 결과, 그를 응원하며 믿어줬던 바르셀로나의 팬들에게 큰 상실감과 배신감을 안겼다.

논란의 중심에 선 피구는 훗날 바르셀로나 원정을 맞아 레알 마드리드의 선수로서 누 캄프를 방문했다.

 피구에 대한 상실감이 분노로 바뀐 바르셀로나의 팬들은 피구가 공을 잡을 때마다 갖가지 오물과 쓰레기, 심각한 야유로 환영했다. 오물 중에는 선수의 생명에 지장을 줄 수 있는

유리 조각이나, 칼, 당구공 등의 물건들도 포함되어 있었다. 특히 돼지 머리가 그라운드에 날아 들어오는 장면이 압권이었다. 결국 주심은 경기를 중단시키기에 이르렀고, 바르셀로나는 이 사건으로 스페인 축구협회에 벌금을 물어야 했다.

비슷한 경우로는 사무엘 에투를 꼽을 수 있다. 바르셀로나에서 레알로 이적한 피구와는 달리 에투는 레알에서 뛰다가 마요르카를 거쳐 바르셀로나에 입단했다. 사실 에투는 레알 마드리드에서 별다른 조명을 받아오지 못했다. 수차례의 임대로 인해 팀을 떠나 있어야 했던 탓으로 레알 마드리드의 유니폼을 입고는 경기에 자주 출전하지도 못했다. 결국 에투는 마드리드를 떠나 마요르카에 입단해 훌륭한 공격수로 활약했고, 04년 바르셀로나에 입단했다.

바르셀로나에서 리그 우승을 확정지은 에투가 방송 카메라에 남긴 멘트가 가장 인상적이었다. 에투는 자신을 촬영하는 카메라에 얼굴을 들이밀고 "마드리드 돼지들아! 챔피언을 경배해라!"며 폭언을 날렸고, 이 장면이 논란이 되어 결국 에투는 공식적으로 사과해야 했다. 이외에도 바르셀로나와 레알 마드리드 두 팀에서 모두 활약한 선수로는 하비에르 사비올라, 호나우두, 알폰소 페레스 무뇨스 등 다양하지만, 최근 들어 양 팀의 라이벌 의식에 직접적으로 영향을 미친 논란의 중심에 선 선수로는 피구와 에투를 꼽을 수 있다.

엘 클라시코를 언급하면서 빼놓을 수 없는 것이 바로 호날두와 메시의 라이벌 관계이다.

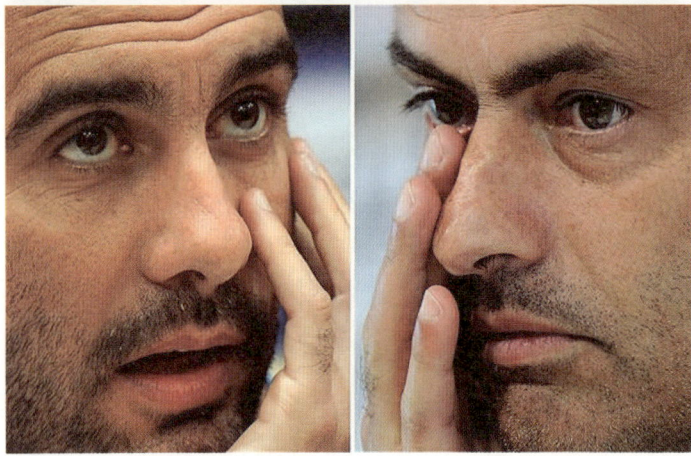

　두 선수의 라이벌 관계는 Chapter2에서 다룰 예정이지만, 이들은 각각 레알 마드리드와 바르셀로나를 대표하는 선수로서 엘 클라시코 최대의 볼거리로 회자되고 있다.
　두 선수는 누가 뭐래도 세계 최고의 선수로 명성을 날리고 있다. 본인들이 참가하는 모든 대회의 득점왕 랭킹에서 겨루고 있고, 누가 완벽한 승자라고 밝히기 어려울 만큼 치열한 행보를 이어가고 있다. 이 두 선수가 각 팀의 대표 선수로서 자존심 싸움을 펼치는 엘 클라시코에서의 맞대결은 분명 최고의 볼거리이다.

엘 클라시코에서 주목해야 할 요소는 또 있다. 바르셀로나의 전설적인 명장이 된 '펩' 과르디올라 감독은 2008년 바르셀로나의 감독으로 부임해 라 리가 3회 연속 우승과 국왕컵 2회 우승, UEFA 챔피언스리그 2회 우승, UEFA 슈퍼컵 2회 우승, 스페인 슈퍼컵 3회 우승과 FIFA 클럽 월드컵 2회 우승의 영예를 안았다. 과르디올라가 이끌던 바르셀로나는 특유의 짧은 패스와 점유율 축구로 가장 강한 클럽으로 성장했는데 그런 바르셀로나를 레알 마드리드가 막아내기에는 한계가 있었다.

바르셀로나에 반격하기 위해 레알 마드리드는 2009년 맨체스터 유나이티드로부터 크리스티아누 호날두를 영입하고 2010년에는 세리에 A의 인터 밀란에서 트레블을 이뤄낸 조세 무리뉴를 새로운 감독으로 선임하게 된다. 무리뉴가 세계 최고의 감독으로 이름을 날리고 있었기에 마드리드 팬들은 큰 기대를 가졌다.

그러나 무리뉴 감독의 첫 엘 클라시코는 아쉽다 못해 충격적인 결과였다. 사비와 페드로, 비야, 헤프렌에게 연달아 실점하여 0-5 대패를 당한 것이다.

0-5 완패를 확실하게 요약해준 장면.
그러나 무리뉴 감독은 이러한 흐름에 반전을 꾀했다.

 이 날 경기에서 레알 마드리드의 수비수 세르히오 라모스가 바르셀로나의 수비수이자 주장인 카를레스 푸욜의 뺨을 때리던 장면은 레알 마드리드의 완패를 제대로 보여준 대표적인 장면 중 하나였다. 그러나 무리뉴 감독은 0-5 패배에도 쉽게 좌절하지 않았다. 선수들을 독려하면서 또한 바르셀로나를 타파할 만한 새로운 전술을 연구했다. 공격적으로 맞붙어 보기도 하고, 이른바 '10백'으로 불리는 수비 위주의 전술로 맞서보기도 하면서 바르셀로나를 넘어설 전술에 대한 실험을 계속했다. 결국 그 시즌의 국왕컵 결승전에서 무리뉴 감독의 레알 마드리드는 바르셀로나를 1-0으로 꺾고 국왕컵 트로피를 들어 올리는 영예를 안았다.

12/13 시즌, 레알 마드리드는 바르셀로나를 상대로 우위를 점하면서 엘 클라시코의 강자로 떠올랐다. 무리뉴 감독의 전방 압박 전술은 짧은 패스와 점유율 축구를 시도하는 바르셀로나의 팀 스타일에 맞설만한 무기로 떠올랐으며, 이 때문에 레알 마드리드와 바르셀로나의 엘 클라시코의 열기는 더욱 뜨거워졌다. 비록 무리뉴 감독 역시 12/13 시즌을 끝으로 마드리드의 감독직을 내려놓았지만, 바르셀로나 역시 하향세를 극복하지 못하는 상황이다 보니 13/14 시즌에 치러질 엘 클라시코에서도 레알 마드리드의 우세가 점쳐지고 있다.

세계 최고가 모두에게 최고인 것은 아니다. 그러나 객관적으로 바라보기에도 엘 클라시코는 축구계를 대표할 만한 가장 매력적인 더비임에는 틀림없다. 누가 봐도 가장 높은 점수를 받을 만한 최고의 더비 엘 클라시코. 매 경기 5억 명 이상의 시청자가 엘 클라시코를 함께하는 데에는 다 그만한 이유가 있다.

노스웨스트 더비[레즈 더비]
(리버풀 FC vs 맨체스터 유나이티드 FC / 잉글랜드)

제1장 '슈퍼매치? 엘 클라시코?' 클럽&국가 간 주요 라이벌

'노스웨스트 더비'는 잉글랜드를 대표하는 두 명문 클럽 간의 맞대결이다. 이들은 100년이 넘는 시간 동안 명문 팀으로서의 입지를 놓치지 않았던 팀이기도 하다.

노스웨스트 더비에서 '노스웨스트'는 잉글랜드 북서부 랭커셔 지방에 위치한 두 도시인 리버풀과 맨체스터를 가리킨다. 또한, 노스웨스트 더비의 다른 표현인 '레즈 더비'는 두 팀의 상징색이 모두 빨강이므로 붙여진 이름이기도 하다. 국내에서는 노스웨스트 더비보다 레즈 더비라는 표현을 자주 사용하는데, 영국 현지에서는 두 팀의 맞대결을 노스웨스트 더비로 부르는 것이 일반적이다.

두 팀 간의 라이벌 의식은 도시 간의 지역감정에서부터 출발했다. 과거에는 물건을 수송하는 수단이 모두 배였기 때문에, 내륙도시이자 공업도시였던 맨체스터가 공장에서 물건을 만들게 되면 수출과 수입을 위해 항구 도시 리버풀을 거칠 수밖에 없었다.

리버풀은 산업혁명 이후 맨체스터의 물건을 수입-수출해 주면서 많은 수익을 거둬들였다. 뿐만 아니라, 맨체스터에서는 물건을 보내기 위해 리버풀에게 적지 않은 수송료를 지불해야만 했기에, 리버풀은 맨체스터보다 더 많은 부를 축적할 수 있었다. 이 같은 흐름이 계속되자 필요 없는 지출을 막고자 했던 맨체스터는 리버풀을 거쳐 가지 않는 자신들만의 운하를 건설하게 된다. 이 덕분에 맨체스터는 랭커셔 주를 대표하는 최고의 상공업 도시로 거듭날 수 있었고, 반면 리버풀은 자신들의 주된 수입원을 빼앗기며 20세기 이후 몰락의 길을 걷는다. 운하 건설 이후 지역감정이 본격적으로 쌓이기 시작한 두 도시는 랭커셔 주 대표 도시 타이틀에 있어서도 경쟁해오면서 각 지역을 대표하는 경기로까지 그 지역감정이 이어지게 되었다.

지역감정 이외에도, 리버풀과 맨유가 라이벌이 될 수밖에 없었던 요소들은 다양하게 존재한다. 두 팀은 최다 우승 기록을 놓고도 경쟁했다. 맨유는 2010/11시즌 19번째 우승을 차지하면서 18회 우승을 기록했던 리버풀의 기록을 앞지르고 잉글랜드 최다 우승을 기록한 팀의 주인공이 되었다. 맨유는 2012/13 시즌에도 리그 우승컵을 차지하며 팀의 20번째 우승을 확정지었다.

뿐만 아니라, 두 팀 모두 잉글랜드 축구의 역사로 기록되고 있는 대형 참사를 겪었다는 공통점이 있다. 수십 명이 목숨을 잃은 참사 정도면 서로에 대해 위로의 메시지를 건네줄 법도 하건만, 도리어 경기 때마다 양 팀의 팬들은 서로의 참사를 조롱하는 응원가를 부르며 더비의 치열함을 고조시키고 있다.

최근 노스웨스트 더비에서 가장 핫한 선수를 꼽으라면 단연 리버풀의 스트라이커인 루이스 수아레즈가 아닌가 싶다. 수아레즈는 2011년 10월 있었던 노스웨스트 더비에서 맨유의 수비수인 파트리스 에브라에게 인종 차별적 발언을 해 논란을 빚었는데, 이후 FA를 통해 8경기 출장 정지 및 7000만원의 벌금이라는 중징계를 받았다. 수아레즈와 리버풀은 FA의 이와 같은 판정에 불만을 품었고, 일부 리버풀 팬들은 "에브라에게도 똑같은 혐의가 있다"며 FA와 에브라를 향한 비난의 목소리를 높이고 있다.

 이 때부터 생긴 수아레즈와 에브라의 악연은 2012년 2월에 열린 리그 두 번째 노스웨스트 더비에서 다시 한 번 이어졌다. 경기 전 선수들끼리 악수를 하는 장면에서 에브라가 건넨 악수를 수아레즈가 뿌리쳤다. 악수를 거부한 수아레즈에게 불만을 품은 에브라는 수아레즈의 팔을 잡아채며 카메라를 향해 어필을 하는 듯한 제스처를 취했고, 이후 옆에 있던 맨유의 수비수 리오 퍼디난드는 수아레즈가 건넨 악수를 거부하는 행동으로 동료의 복수를 대신했다.

 수아레즈는 경기 내내 맨유 팬들의 야유를 받았다. 맨체스터 더비에서의 테베즈만큼이나, 수아레즈가 공을 잡을 때면 경기장 곳곳에서 야유 소리가 넘쳐 나왔다. 이날 수아레즈는 맨유 팬들의 반응에도 개의치 않으며 직접 골까지 기록했다. 경기는 2-1 맨유의 승리로 끝이 났지만, 종료 후 펼쳐지는 승리 세레머니에서 에브라와 수아레즈는 다시 한 번 부딪혔다.

　에브라는 노스웨스트 더비에서 승리한 세레머니를 평소보다 과도하게 펼치며 팬들의 환호를 유도했고, 반대편에 걸어 들어가던 수아레즈에게 다가가는 도발을 감행했다. 사태의 위험성을 눈치 챈 주심은 에브라에게 다가가 그를 만류했고, 이 과정에서 에브라를 옹호하려는 맨유 선수들과 수아레즈를 보호하려는 리버풀 선수들이 충돌하기도 했다.

　원정길에 올라 미움을 받는 것은 에브라 역시 마찬가지이다. 안필드에서 열리는 노스웨스트 더비에서 유난히도 야유가 심하게 터져 나온다면, 그것은 에브라가 공을 잡았다는 것을 의미한다.

최근에는 리버풀이 상위권에서 조금씩 내려앉으면서 노스웨스트 더비의 경쟁력이 '맨체스터 더비'나 '북런던 더비'에 밀린다는 지적을 받고 있다. 그러나 역사의 두께를 무시할 수 없듯이, 기존 전력에서 이탈한 리버풀이라도 맨유와의 경기에서는 강한 면모를 보여주고 있다. 팀 간 전력 차가 아무리 벌어졌다 하더라도 서로를 얕볼 수는 없는 것이 라이벌인 것이다.

로즈 워 더비[장미전쟁]
(맨체스터 유나이티드 FC vs 리즈 유나이티드 AFC / 잉글랜드)

인터넷에서 흔히 사용하는 '리즈시절'이라는 말의 유래는 2000년대 초반, EPL의 스타플레이어 군단으로 떠오르고 있던 리즈 유나이티드의 전성기를 가리키는 말에서부터 시작됐다. 당시 리즈 유나이티드는 우드게이트, 해리 키웰, 도미닉 마테오, 로비 킨, 하셀바잉크, 앨런 스미스, 리오 퍼디난드 등 다수의 스타 플레이어들을 보유하며 챔피언스리그 준결승까지 오르는 기염을 토했다. 그러나 과도한 투자로 인해 생긴 구단의 부채와 주전 선수들의 이탈, 신임 감독의 팀 운영 실패 등으로 03/04 시즌 2부 리그로 강등되며 몰락했다.

'로즈 워 더비'는 바로 이 리즈 유나이티드와 그들의 최대 라이벌 맨체스터 유나이티드의 맞대결을 의미한다.

'로즈 워'는 문자 그대로 '장미전쟁'을 의미하는데, 이는 영국 랭커스터 가문과 요크 가문이 왕권을 놓고 1455년부터 30년간 펼친 '장미전쟁(Wars of the Roses)'에서 유래됐다.

각 가문의 상징인 붉은 장미와 흰 장미가 양 팀의 유니폼 색과 일치한다는 점, 우승을 놓고 펼쳤던 서로 간의 열띤 경쟁이 과거의 장미전쟁의 열기와 흡사하다는 점 때문에 양 팀의 더비에는 '로즈 워 더비'라는 이름이 붙었다.

로즈 워 더비의 열기는 두 지방의 지역감정에 그 기원을 두고 있다. 특히 리즈 유나이티드의 팬들이 극성스럽기로 유명한데, 이는 2011/12시즌 칼링컵 32강전의 로즈 워 더비를 앞두고 펼쳐진 소동을 통해서도 확인할 알 수 있다. 리즈 팬들은 경기 전날 맨유 선수들이 묵고 있던 호텔까지 찾아가 소란을 피웠는데, 이에 대해 퍼거슨 감독은 "리즈 팬들이 리버풀 팬들보다 더하다"며 공개적으로 불만을 표시하기도 했다.

　지금은 리즈 유나이티드가 몰락하게 되면서 맨체스터 유나이티드와의 전력 차가 크게 벌어져 있고 양 팀이 활약하는 리그도 다르기 때문에 서로 맞부딪힐 기회가 과거에 비해 줄어들었다. 그러나 2009/10 시즌 올드 트래포드에서 열렸던 로즈 워 더비에서 리즈 유나이티드가 맨유를 꺾고 FA컵 32강행을 확정지었던 것처럼, 양 팀 간의 라이벌 매치에는 예상치 못한 변수들이 기다리고 있다.

　경기가 예정되어 있을 때마다 숱한 이야깃거리와 관심을 받아오고 있는 로즈 워 더비는 분명 잉글랜드 축구의 주요 더비 중 하나다. 리즈 유나이티드가 다시 1부 리그로 복귀해, 리그에서 펼쳐지는 로즈 워 더비를 축구팬들은 기대하고 있다.

르 클라시코
(올랭피크 드 마르세유 vs 파리 생제르망 FC / 프랑스)

'프랑스의 엘 클라시코'. 프랑스 리게 1의 대표적인 더비로 손꼽히고 있는 '르 클라시코'를 그렇게 부른다. 실제 엘 클라시코에서 명칭이 유래된 '르 클라시코'는 최근 리게 1에서 가장 핫한 팀으로 조명되고 있는 파리 생제르망 FC와 그 팀의 희대의 라이벌 올랭피크 드 마르세유 간의 맞대결을 의미한다.

양 팀의 라이벌 의식은 마르세유와 파리 시민들 간의 지역감정에서부터 출발했다. 17세기 이후 프랑스에서는 항구 도시인 마르세유가 급격하게 발전하기 시작했다. 마르세유는 타 지역들과도 활발히 교류하면서 도시의 경쟁력을 점차 높였고, 많은 부를 창출했다. 마르세유는 항구의 발전과 함께 프랑스 내에서도 주목받는 부유한 도시로 성장했다. 마르세유가 성장할수록, 마르세유로 건너오는 이주민들의 수도 많아졌다. 그러나 프랑스의 중심지이자 수도로서 자존심을 지켜왔던 파리 시민들은 마르세유의 갑작스런 성장을 그다지 달가워하지 않았다. 마르세유가 부유해지고, 프랑스 중심지로 발전하자 파리 시민들도 불안감에 휩싸인 것이다. 뿐만 아니라 마르세유가 이주민들에 의해 프랑스 본연의 문화와는 거리가 먼 본인들만의 독자적인 문화를 형성하자 이를 지켜보던 파리 시민들의 마음속에는 마르세유에 대한 적대감이 형성되기 시작했다.

결국 파리 시민들은 마르세유와의 축구 경기가 있을 때마다 마르세유 팬들과 충돌했고, 양 팀이 상위 랭킹에서 마주치는 횟수 또한 잦아지면서 서로에 대한 악감정은 더욱 싹터 올랐다. 최근까지도 양 팀의 경기는 팬들 간의 충돌이 이어지고 있다. 상위 계층의 파리를 기반으로 하고 있는 파리 생제르망과 시민, 노동, 하위 계층의 마르세유를 기반으로 하고 있는 올랭피크 드 마르세유 간의 대립은 지속될 것으로 보인다. 르 클라시코만의 역사, 열기, 경기 등의 이야깃거리는 많은 사람들이 르 클라시코를 기대하는 주된 이유이다.

3. 기타 주요 라이벌

엘 슈퍼 클라시코[엘 클라시코]
(CD 과달라하라 vs 클럽 아메리카 / 멕시코)

멕시코에는 리그 최고의 더비로 전해지는 '엘 슈퍼 클라시코'가 있다.

엘 슈퍼 클라시코는 멕시코 축구를 주름잡던 두 강호이자 명문 클럽인 CD 과달라하라와 클럽 아메리카 간의 맞대결을 의미한다. 초창기에는 두 팀의 전력 차가 워낙 컸기 때문에(과달라하라의 압도적 우세) 양 팀 간의 경기가 더비로 인정받기 어려웠지만, 줄곧 강등권에서 허덕이던 클럽 아메리카가 전설적인 감독 페르난도 마르코를 선임한 이후부터 리그 상위권으로 치고 올라오면서 두 팀 맞대결의 분위기에도 변화가 생겼다. 하지만 당시까지도 과달라하라의 일방적 독주가 이어지고 있었기 때문에 클럽 아메리카의 도전은 항상 우승 문턱에서 좌절되고 말았다.

1980년대 들어 멕시코 축구는 급변의 시기를 맞이한다. 세계적인 경쟁력을 갖추면서 리그의 수준이 급속도로 발전하기 시작한 것이다. 동시에 과달라하라만의 독주체제에도 금이 가게 되는데 이를 틈타 클럽 아메리카가 급속도로 성장해 과달라하라를 제치고 팀 창단 이래 최고의 전성기를 구가하게 되었다. 아메리카가 성장하는 동안 과달라하라는 내리막길을 걸었고, 그렇게 멕시코 리그의 새로운 최강자가 된 클럽 아메리카는 기존에 과달라하라가 가지고 있던 멕시코 리그 최다우승 기록도 단숨에 뛰어 넘었다.

아메리카의 전성기 속에 과달라하라의 팬들은 상대팀에 대한 질투를 숨길 수 없었다. 특히 과달라하라가 보유하고 있던 최다 우승 기록이 아메리카에 의해 뒤집히는 사건으로 과달라하라 팬들의 분노는 극에 달했다. 그렇게 전통적인 강호로 인정받던 과달라하라와 신흥 강호로 떠오르던 아메리카 사이에 라이벌 구도가 형성되기 시작했고, 이후부터 양 팀의 경기는 더비 급의 열기를 띠게 되었다.

그러나 90년대 이후에는 양 팀 모두가 최고의 자리에서 내려오게 된다. 물론 두 팀이 아직까지도 무시하지 못할 입지를 가지고 있긴 하지만, 과거 멕시코 리그를 주름잡던 모습과 비교한다면 그들의 경쟁력은 상당히 내려앉은 편이다.

더비를 구성하는 팀의 전력과 순위, 경쟁력은 과거와 같이 인정받지 못하며 나날이 하락하고 있는 추세지만 그럼에도 '과거의 두 명문 클럽' 간 맞대결은 여전히 특별하다. 때문에 양 팀의 경기는 아직까지 뜨거운 열기를 형성하고 있으며, 세계에서 가장 치열한 더비 목록에도 당당히 이름을 올리고 있다.

클라시쿠 두스 밀리옹이스[백만 인의 더비]
(CR 플라멩구 vs CR 바스쿠 다 가마 / 브라질)

 리우 데 자네이루를 연고로 하는 CR 플라멩구와 CR 바스쿠 다 가마 간의 맞대결은 '클라시쿠 두스 밀리옹이스(백만 인의 더비)'라 불리고 있다. 브라질 리그 내에서 두 팀은 가장 많은 인기를 누리고 있는데, 약 3,400만 명의 팬을 보유하고 있는 플라멩구와 약 2,500만 명의 팬을 보유하고 있는 바스쿠 다 가마의 팬 수를 합치면 브라질 인구의 약 30%를 차지할 정도이다. 때문에 클라시쿠 두스 밀리옹이스는 경기장을 가득 메운 팬들로 열기가 들끓는다.

 1900년대 초중반까지만 해도, '잘 나가는' 플라멩구에 비해 바스쿠 다 가마가 별다른 활약을 보여주지 못하면서 경쟁 구도가 생기지 못했다. 그러나 1970년대 이후 바스쿠 다 가마의 전력이 갖추어지기 시작하면서 지역 라이벌인 플라멩구와의 사이에 여러 가지 경쟁 구도가 형성되기 시작했다. 이후 양 팀의 팬들이 급속도로 증가하면서 더비 라이벌로 인정받게 됐다. 더비의 이름이기도 한 '백만 인의 더비'의 의미는 경기장을 방문하는 팬들의 숫자에서 유래되었다고 한다.

양 팀은, 브라질의 많은 스타 플레이어들을 보유했던 것으로도 잘 알려져 있는데, 지쿠, 로베르토, 티타, 베베토, 그리고 양 팀 모두에서 활약하며 라이벌 열기를 뜨겁게 달궜던 호마리우 등이 그들이다. 이 선수들의 활약은 클라시쿠 두스 밀리옹이스를 빛내는 대표적인 볼거리로 작용했다.

축구 이외에 다른 종목의 스포츠단도 많이 보유하고 있는 두 팀은 요트, 농구, 수영, 풋살, 유도, 심지어 연 날리기에서도 라이벌 대결을 펼치고 있다고 한다.

플라-플루(CR 플라멩구 vs 플루미넨시 FC / 브라질)

CR 플라멩구와 플루미넨시 FC 간의 로컬 더비는 양 팀의 앞 글자를 따 '플라-플루 더비'라 불린다. 더비의 이름은 브라질의 전설적인 저널리스트로 알려져 있는 마리오 필류에 의해 지어졌으며, 경기는 두 팀이 함께 사용하는 홈구장인 '에스타디오 두 마라카낭'에서 주로 열린다.

플라-플루 더비는 전 세계 축구 역사상 가장 진기한 기록을 가지고 있는 더비로도 유명한데, 1963년 무려 194,603명이 입장했던 경기는 축구 역사상 최다 관중이 입장한 경기로 기록되고 있다. 현재는 브라질 축구를 비롯한 대부분 나라의 경기장이 입석이 아닌 좌석을 채택하고 있기 때문에 앞으로 이 기록이 깨질 가능성은 사실상 제로에 가깝다.

라우 데 자네이루를 대표하는 가장 성공적인 두 팀의 플라-플루 더비는 1911년에 있었던 첫 맞대결 때부터 오늘날에 이르기까지 경쟁 구도를 이어 오고 있다. 이 더비는 브라질에서도 가장 격렬하고 위험한 더비로, 맞대결 때마다 충돌과 폭력사태가 빈번하게 발발한다.

베오그라드 더비
(FK 파르티잔 베오그라드 vs 레드 스타 베오그라드(FK 츠르베나 즈베즈다) / 세르비아)

'베오그라드 더비'는 그 기준을 '폭력성'에만 둔다면, 전 세계의 더비 중 최상위권에 이름을 올릴 수 있을 만큼 '위험한' 더비이다. 베오그라드 더비는 베오그라드를 연고로 하는 FK 파르티잔 베오그라드와 레드 스타 베오그라드 간의 로컬 더비를 의미한다. 이 두 팀은 세르비아에서 가장 많은 인기를 누리고 있는 주인공들로도 유명한데, 베오그라드 지역 뿐 아

니라 세르비아 전역에 양 팀의 팬들이 퍼져 있을 정도이다

세르비아 전체 인구에서 레드 스타 팬의 비율은 사실상 세르비아 인구수의 절반이라 할 수 있는 48.2%에 이르며, 나머지 30.5%는 파르티잔을 응원하고 있는 것으로 밝혀졌다. 이는 세르비아의 리서치를 통해 밝혀진 결과이며, 파르티잔과 레드 스타가 세르비아 전역으로부터 얼마나 많은 사랑을 받고 있는지 보여주는 자료이기도 하다.

그렇기 때문에 베오그라드 더비는 그 지역만의 더비라기보다는, 세르비아 전체의 더비라 할 수 있다. 그러나 이 더비는 세르비아 전역으로부터 발산되는 과열된 열기로 인해 매우 폭력적이고 위험한 장면들을 자주 연출했다. 홍염의 연기가 너무 자욱해 경기가 중단되는 사태가 벌어지기도 했다. 또, 더비의 긴장감을 상승시키기 위해 팬들 스스로가 위협적인 분위기를 연출해내는 것으로 알려져 있다. 상대팀을 조롱하는 걸개와 거대 깃발이 자주 등장하며, 그로 인해 발생된 신경전이 큰 충돌로 이어지는 경우가 많았다. 베오그라드 더비에 익숙하지 않은 팬들이 이 광경을 보게 된다면, 그 위협적인 분위기에 압도당할지도 모른다.

두 팀의 라이벌 의식은 구 유고 연방 시절부터 거슬러 올라간다. 1991년, 유고가 해체되기 전까지 세르비아와 크로아티아를 비롯한 여러 나라는 유고 연방에 포함되어 있었다. 따라서 파르티잔과 레드 스타 역시 91년까지는 유고 리그에 속해 경기를 치렀다. 파르티잔과 레드 스타는 창단 때부터 정반대의 성향을 띄고 있었다. 나란히 1945년에 창단된 두 팀 중 파르티잔은 유고의 육군을 대표했고, 레드 스타는 지

원군을 대표하는 팀이었다. 창단 직후부터 라이벌 관계에 있었던 두 팀은 이후 유고 리그가 역사와 경쟁력을 갖춰가면서 더더욱 유명해지기 시작했다. 당시에는, 현 크로아티아의 클럽들 하이두크 스플리트와 디나모 자그레브 역시 유고 리그에 속해 있었는데, 이상의 4팀이 유고 리그의 상위권을 오랫동안 차지하면서 '빅4'라고 불리게 되었다.

훗날 1991년 발생한 유고의 내전을 통해 세르비아는 유고로부터 독립했고, 세르비아의 독립과 함께 파르티잔과 레드 스타도 나란히 유고 리그를 떠나게 되자, 기존에 있던 유고 빅4 간의 관계는 자연스럽게 역사 속으로 사라지게 되었다.

문제는 내전에 참여하면서 폭력에 중독되어버린 레드 스타의 팬들이었다. 세르비아 민족주의로 무장해 내전에 참여한 레드 스타의 팬들은 내전을 통해 폭력의 맛을 알았고 그 중독에서 헤어 나오질 못했다. 레드 스타의 팬들은 자신들이 폭력을 행사할 수 있는 라이벌 팀의 팬들을 찾았다. 둘 사이에 별다른 사건은 없었지만 창단 때부터 유고 리그 시절까지 자신들의 오랜 경쟁 팀으로 알려졌던 파르티잔의 팬들이 그들의 집중 표적이 되었다. 파르티잔의 팬들을 폭행하는 레드 스타의 팬들이 급증했고, 결국 이것이 불씨가 되어 양 팀 간의 치열한 라이벌 의식에 불이 붙었다. 군인 팀의 성향과 유고의 내전, 팬들 간의 폭력사태 때문에 아직도 베오그라드 더비에는 전쟁의 상흔이 선명하게 남아 있다.

매 경기마다 연출되는 베오그라드 더비의 사건-사고. 경기가 끝난 뒤 경기장은 복구가 불가능한 상태로까지 손상된다.

베오그라드 더비는 단순한 게임 그 이상의 의미를 지닌다. 아직도 파르티잔의 팬들은 레드 스타로부터 당한 폭행의 빚을 갚아주겠다는 의지를 가지고 있고, 레드 스타의 팬들 역시 자신들의 행동에 대해 사과하지 않는다. 서로에 대한 앙심이 깊게 박혀있는 양 팀 팬들 사이에서, 축구는 더 큰 충돌을 방지하는 완충지대의 작용을 하고 있다는 의견도 있다.

어찌됐건 베오그라드 더비는 여러 가지의 스토리로 인해 형성된 열기를 지금까지도 그대로 이어오고 있다. 어느 더비인들 그렇지 않을까만 베오그라드 더비는 서로의 팬들에게 스페인의 엘 클라시코 보다도 더한 의미를 지닌다. 베오그라드 더비는 특유의 열기 덕분에 세르비아 전국을 넘어 세계의 주목을 받고 있는 더비이기도 하지만, 축구 경기에서 벌어지는 폭력의 위험성을 간과하는 사람들에게 분명한 메시지를 던져 주는 더비이기도 하다.

취리히 더비(그라스호퍼 클럽 취리히 vs FC 취리히 / 스위스)

누구에게나 열려 있는 개방적인 클럽은 그만큼 광범위한 팬층을 보유할 수 있다는 장점이 있다. 스위스의 최대 도시취

리히를 연고로 하는 FC 취리히 역시 특유의 개방적인 분위기 덕분에 많은 팬들로부터 사랑을 받는 대표적인 클럽이다.

"우리 FC 취리히를 응원하기 위해선 큰 제약이 없다. 그것은 팀의 창단 때부터 그랬고, 앞으로도 변함이 없을 것이다."

취리히를 응원하는 한 팬이 남긴 대표적인 인터뷰다.
하지만, 같은 취리히를 연고로 하고 있음에도 그라스호퍼 클럽 취리히의 분위기는 FC 취리히 그것과 대조적이다. 창단 초기 때부터 그라스호퍼는 상류층만의 클럽으로 알려져 있었고, 그 분위기는 현재까지도 고스란히 이어지고 있다. '아무나 그라스호퍼를 응원할 수 없다'는 것이 그들의 생각이고 분위기이다. 선택 받은 자들만이 응원할 수 있다는 신념 자체가 그라스호퍼 팬들의 응원 방법이기도 하다. 자신의 클럽을 사랑하는 자들이라면 누구나 받아주고, 항상 제일 먼저 반겨주는 개방적인 분위기의 FC 취리히와는 상반되는 모습이다.[7]

그렇기 때문에 인지도 면에서 취리히가 그라스호퍼에 월등히 앞서게 되었고, 결국 취리히는 그라스호퍼보다도 더 많은 사람들에게 사랑을 받는 클럽으로 성장할 수 있었다.

FC 취리히 팬들의 목표는, 자신들보다 더 좋은 성적을 유지해오던 전통적인 강호이자 라이벌, 그라스호퍼를 넘는 것

---

[7] 물론 이는 전통적인 특징이고, 현재 스위스에서는 이러한 전통에 약간의 변화가 있었을 수도 있다

이었다. 그들은 자신들보다 더 부유한 삶을 살고 있는 상류층의 팀인 그라스호퍼가 성공가도를 달린다는 사실에 분함을 느껴왔다. 그렇기에 그라스호퍼와의 일전이 있는 날에는 취리히를 응원하고 상대를 비난하는 목소리가 평소보다 거세졌으며, 그러한 기세에 지지 않으려는 그라스호퍼의 팬들 역시 목소리를 높이며 자신의 팀을 응원한다.

취리히 팬들의 오랜 염원이 최근에야 이루어졌다. 절대 내려앉지 않을 것만 같던 그라스호퍼가 하향세에 접어든 것이다. 그렇게 잡은 기회를 놓치지 않은 취리히는 그라스호퍼보다 더 나은 성적을 내고 있다.

한편 취리히 더비는 격렬하기만 한 다른 더비와는 다르게 종종 스포츠맨십 가득한 훈훈한 장면을 연출하기도 했다. 두 팀 중 한 팀이 리그 우승을 확정 지었을 때, 상대의 팬들에게 우승을 축하하며 상대방을 존중해 주는 모습은 폭력과 비난으로 얼룩진 그라운드에서는 좀처럼 찾아볼 수 없는 취리히 더비만의 매력이기도 하다.

테헤란 더비(페르세폴리스 FC vs 에스테그랄 FC / 이란)

테헤란 지역을 연고로 하는 페르세폴리스 FC와 에스테그랄 FC 간의 경기는 로컬 더비로서 '테헤란 더비'로 불리고 있다.

둘의 맞대결이 처음 시작된 게 1968년이니 그리 역사가 깊다 할 순 없지만 그 길지 않은 시간 동안에 생긴 여러 가지 스토리는 양 팀의 더비를 최고의 시합으로 평가 받게 만들었다. 둘의 라이벌 의식 사이에는 '샤힌(Shahin)'이라는 또 다른 축구 팀이 존재하고 있었다. 오래 전부터 이란의 최고 인기 클럽 자리를 놓치지 않았던 샤힌은 많은 규모의 팬덤을 이끌고 다녔고, 성적 역시 상위권을 유지해 왔다. 그러나 승승장구하던 샤힌의 발목을 잡은 것은 바로 재정 문제였다. 샤힌은 끝내 그 문제를 해결하지 못했고 수많은 팬들을 뒤로 한 채 역사 속으로 사라졌다. 이란의 최고 클럽으로 칭송받던 클럽이 갑작스럽게 해체되고 만 것이다.

그렇게 사라진 샤힌은 팀이 해체 전까지 페르세폴리스와는 친밀한 관계를, 에스테그랄의 전신인 타지 FC(Taj FC)와는 적대 관계를 형성하고 있었다. 갈 곳을 잃어버린 샤힌의 수많은 팬들은 평소 자신의 팀과 친밀한 관계를 유지하던 페르세폴리스로 대다수 넘어가게 되었고, 마치 샤힌과의 연합 전선을 구축한 것처럼 된 페르세폴리스는 타지 FC와 라이벌 관계를 형성하게 된 것이다.

이후 페르세폴리스는 점점 진보주의적 성향을 띄는 중산층의 팀, 에스테그랄은 보수적 성향을 띄는 상류층의 팀이 되면서 서로는 점점 더 멀어지게 되었다. 경기장에서의 신경전이 뜨거워지고 팬들의 난동과 폭력 사태도 늘어났다. 또한 그라운드는 관중석에서 날아온 각종 오물로 경기 진행이 불가능해질 지경에 이르렀다. 이렇듯 테헤란 더비의 분위기가 걷잡을 수 없을 만큼 위험해지자, 결국 이란 정부까지 나서 테헤란 더비의 폭력 사태를 중재하기에 이르렀다. 테헤란 더비에서는 1995년 이후부터 외국인 심판들이 경기를 주관하는데, 이 역시 테헤란 더비에서의 사고를 효과적으로 중재하기 위해 내세운 이란 정부의 고육지책 중 하나였다.

정부의 노력 덕분인지 최근에는 양 팀의 더비 매치 중 벌어지는 사건과 사고가 감소해가고 있는 추세다.

카이로 더비(알 아흘리 vs 자말렉 SC / 이집트)

이집트 카이로 지역을 연고로 하고 있는 알 아흘리와 자말렉 SC가 맞붙는 '카이로 더비' 역시 유명하다.

알 아흘리와 자말렉 SC는 한 번도 하위권으로 떨어져 본 적이 없는 팀들이기 때문에 팬들 역시 자신의 팀에 대한 자부심이 강한 편이다. 그렇기 때문일까. 자존심 강한 양 팀의 팬들은 맞대결이 펼쳐질 때마다 폭력 사태를 일으키곤 한다. 이집트 정부에서는 카이로 더비의 폭력성이 위험 수위를 넘어서게 되자 경찰들을 대거 경기장에 배치시키면서 참사를 막기 위해 애를 쓰고 있는데, 워낙 많은 사람들이 경기장에 몰리기 때문에 큰 효과는 보지 못하고 있다.

오사카 더비(감바 오사카 vs 세레소 오사카 / 일본)

감바 오사카와 세레소 오사카가 펼치는 '오사카 더비'는 J리그의 전신인 JSL 시절 때부터 시작되었다. 세레조 오사카는 전신인 '얀마 디젤' 시절 동안 JSL 4회 우승과 3번의 일왕배 우승을 통해 JSL의 대표적인 명문 클럽으로 자리 잡고 있었다. 그러나 팀이 부진에 빠지며 2부 리그로 강등되어 있던 사이, '얀마 디젤'의 모기업인 '마쓰시타 전기산업'이 1980년 새로운 팀을 창단시켰다. 마쓰시타 전기산업은 얀마 디젤과의 종속관계를 악용해 얀마 디젤의 선수들과 직원, 코칭스태프 일부를 자신들의 새로운 팀으로 옮기도록 했다. 얀마 디젤의 관계자들이 반대했지만, 결국엔 팀의 소중한 자원들을 마쓰시타에 모두 내줄 수밖에 없었다. 당연히 얀마 디젤과 마쓰시타 전기산업 사이에 좋지 않은 분위기가 형성되었다.

당시 '나라'현을 연고로 하던 마쓰시타 전기산업은 얀마 디젤과 좋지 않은 관계가 형성된 이후에도 몇 차례 맞대결을 펼쳐왔지만 서로 다른 곳을 연고로 한다는 사실과 팀 간 전력이 극명하게 갈린 탓으로 '더비'로 발전하지는 못했다.

그러나 마쓰시타 전기산업이, 얀마 디젤이 위치해 있던 오스카 부의 스이타로 연고지를 옮기기로 결정하면서 사정은 급변하였다. 얀마 디젤의 팬들은 마쓰시타가 자신들과 같은 연고지를 사용한다는 점을 달갑지 않게 바라봤고, 기존의 좋지 않았던 관계에 연고이전까지 더해져 두 팀의 라이벌 의식은 더비로까지 이어지게 된 것이다. 이후 마쓰시타 전기산업이 '감바 오사카'로, 얀마 디젤이 '세레소 오사카'로 이름을 변경하여 지금까지 내려오고 있다.

시즈오카 더비(주빌로 이와타 vs 시미즈 에스펄스 / 일본)

시즈오카 부를 연고로 하는 주빌로 이와타와 시미즈 에스펄스 간의 라이벌 매치는 '시즈오카 더비'라 불리우는데, 두 팀의 경기는 시즈오카 부에서 가장 큰 규모를 가진 축구장인 '시즈오카 스타디움 에코파'에서 펼쳐진다.

두 팀의 라이벌 의식은 지역적인 감정에서부터 출발했다.

시미즈는 시즈오카 부의 세 개의 주 가운데 '쓰루가' 주를, 주빌로는 '토도우미' 주를 연고로 하고 있었던 것이다.

  오랜 기간 리그 최강 팀 중 하나로 군림하였던 주빌로가 시즈오카 더비에서도 우세한 모습을 보여 왔었지만, 최근 들어 주빌로의 전력이 많이 약해지면서 시미즈가 그동안에 받아왔던 패배의 상처를 그대로 돌려주고 있는 추세이다.

4. 국가 간 라이벌

가나 vs 나이지리아 vs 코트디부아르 [서아프리카 더비]

서아프리카 지역에서 가장 '핫'한 나라로 꼽히고 있는 가나와 나이지리아, 코트디부아르도 열띤 경쟁을 펼치고 있는 라이벌 관계이다. 최근 국제무대에서도 연이어 좋은 모습을 보여주는 이 세 팀이 곧 아프리카 축구의 대표팀이라 해도 무방하다.

그리스 vs 터키 [에게 해 더비]

에게 해를 둘러싼 두 나라는 원래부터 사이가 좋지 않았다. 이전부터 앙숙인 두 나라가 축구 경기에서도 라이벌 관계가 되었으니 이들의 맞대결에 대한 열기는 매우 격렬하고 치열할 수밖에 없다. 이 라이벌 전에서 좋지 않은 성과를 거둔 나라의 경우에는 그 나라의 성적이 어떠하건 자국민들에게는 비난의 표적이 된다.

그리스 vs 알바니아

그리스와 알바니아는 이전에 영토 분쟁을 겪었다. 비록 지금은 영토 협정을 맺게 되면서 두 나라 간의 사이는 우호적으로 개선되었지만, 이후 그리스인들에 대한 알바니아 국가의 탄압이 그대로 지속되면서 라이벌 관계가 유지되었다.

네덜란드 vs 독일

네덜란드는 독일의 식민 지배를 받던 나라였다. 물론 이후 독일로부터 독립했고, 독일로부터 정중한 사과도 받았지만 역사적인 아픔은 그리 쉽게 씻어지는 것이 아니기에 네덜란드 사람들은 지금도 독일에 강한 라이벌 의식을 느끼고 있다. 이들의 라이벌 전은 1974 서독 월드컵 결승전과 크루이프와 베켄바우어간의 세기의 맞대결을 거치면서 더욱 치열해지는 양상을 띠게 되었고, 현재 네덜란드와 독일의 전력이 유럽 최정상에 올라와 있다 보니 서로 간의 맞대결의 중요성 역시 한층 높아졌다.

네덜란드 vs 벨기에 vs 룩셈부르크 [베네룩스 더비]

지리적으로나 문화적으로 인접한 관계에 놓여있는 베네룩스 3국의 맞대결은 특별한 감정이 담겨 있다. 비록 룩셈부르크의 전력이 약세이다 보니 베네룩스 더비도 네덜란드와 벨기에 간의 맞대결만 주목을 받고 있지만, 룩셈부르크가 전력을 어느 정도 회복하고 국제적인 힘을 갖추게 된다면 베네룩스 더비의 권위와 경쟁구도 역시 더욱 치열해질 것이라 예상된다.

대한민국 vs 일본

이웃 나라이자 역사적인 앙숙 관계의 놓여 있는 한국과 일본은 축구계에서도 여러 번의 명승부와 스토리를 거치며 라이벌 관계를 형성했다. 역대 전적에서는 단연 한국이 40

승 13패로 크게 앞서 있지만, 최근 들어서는 박빙의 흐름이 지속되고 있다.

대한민국 vs 북한

국가 간의 긴장감이 증폭될수록 축구 경기 역시 특별한 맞대결의 의미를 지닌다. 분단국가이자 휴전 국가인 만큼 서로간의 대립과 신경전이 일어나는 경우가 많은데, 축구 경기에서도 라이벌 관계를 형성하고 있다.

대한민국 vs 중국

'공한증'이라는 용어는 한국에게 유독 약한 모습을 보여 왔던 중국 축구의 '한국 공포증'을 일컫는다. 2010년 동아시아 선수권 대회에서 중국이 한국을 꺾고 승리를 차지하기 전까지 무려 32년 간 중국은 한국에게 승리를 거두지 못했었다.

대한민국 vs 이란

중국이 한국을 상대로 약한 모습을 보여 왔다면, 한국은 이란을 상대로 유독 약한 모습을 보여 왔다. 한국은 중요한 순간마다 이란을 만나 줄곧 어려움을 겪어왔는데, 이 때문에 한국의 축구팬들 역시 이란에게 적지 않은 악감정과 라이벌 의식을 느끼고 있다.

덴마크 vs 스웨덴 (vs 노르웨이 vs 핀란드) [북유럽 더비]

북유럽의 인접한 지역이라는 지리적인 특징을 가지고 있는 덴마크와 스웨덴은 약 100년이 넘도록 라이벌 의식을 가지고 있다. 덴마크와 스웨덴 간의 북유럽 더비는 유독 사건·사고가 많았던 더비로도 기억되고 있다. 한편 노르웨이와 핀란드 역시 이 라이벌 관계에 포함되어 라이벌 구도를 형성하고 있다.

독일 vs 잉글랜드 [세계대전 더비]

오랫동안 유럽의 대표 주자로서 인정을 받아왔던 독일과 잉글랜드는 지금껏 축구 역사를 구성해왔던 독일이나 잉글랜드의 수많은 스타플레이어들 간의 경쟁구도처럼, 무려 100년이 넘는 시간 동안 라이벌 관계를 형성해왔다. 이들은 제 2차 세계대전에서도 주요한 역할을 담당했기 때문에 일부 팬들에게는 '세계대전 더비'라고 불리고 있다.

이들의 라이벌 관계가 급격히 뜨거워지기 시작한 건 바로 1966년 월드컵 결승에서 부터였다. 당시에는 잉글랜드가 독일을 4-2로 꺾고 월드컵 우승을 차지하였는데, 이 과정에서 논란의 여지가 있는 심판의 판정이 겹치면서 잉글랜드와 독일의 관계가 급격히 악화되기 시작했다. 이후 2010 남아공 월드컵에서도 램파드의 슛이 골로 인정되지 않는 희대의 오심이 발생하면서 서로에 대한 반감은 증폭됐다.

러시아 vs 미국

소련과 미국의 대립이라고 하면 될까? 과거의 앙숙 관계, 냉전 관계 등의 요소 때문에 두 국가 간의 맞대결 역시 특별한 의미를 지니고 있다.

러시아 vs 우크라이나

러시아의 오랜 학대와 억압으로부터 독립을 이루어낸 우크라이나는 축구계에서도 그들의 감정을 그대로 이어오며 러시아와 라이벌 관계를 형성하고 있다. 다시 우크라이나가 자신들의 지배 하로 돌아오길 바라는 러시아와 그들로부터 확실한 독립을 원하는 우크라이나간의 껄끄러운 관계는 축구에서도 이어지고 있다.

멕시코 vs 미국 [북미 더비]

북미 지역의 멕시코와 미국은 오랜 라이벌 관계이다. 과거에는 멕시코가 상당한 우위를 점했지만, 2000년대부터 미국이 상대전적에서 앞서 있다. 북미 지역의 대표적인 라이벌인 만큼, 이들의 맞대결은 많은 관중과 열기를 불러 모은다. 북미 지역엔 캐나다도 있지만, 멕시코와 미국만큼 전력 및 라이벌 의식이 갖춰지지 않아 별다른 주목을 받지는 못한다.

브라질 vs 아르헨티나 [남아메리카인들의 전투]

남아메리카의 이웃 관계에 놓여있는 두 팀은 그들의 명성만큼 치열한 라이벌 관계이다. 두 나라는 스페인과 포르투갈의 지배를 받던 시절에도 라이벌 관계를 형성했을 정도로 앙숙으로 유명하다. 그러나 두 국가가 유독 축구에서 더욱 라이벌 열기를 불태우는 이유는 축구계에서 형성된 수많은 스타플레이어들 간의 경쟁구도 때문이다. 특히 펠레와 마라도나에 관한 이야기가 시작되면 두 국가의 국민들 모두 열을 내며 신경전에 참여한다.

브라질 vs 포르투갈 [포르투갈어 더비]

포르투갈어를 사용하는 국가 중, 가장 강력한 전력을 자랑하는 두 팀이기 때문에 라이벌 관계로 꼽히고 있다.

세르비아 vs 크로아티아 vs 몬테네그로 vs 보스니아 헤르체고비나 vs 슬로베니아 vs 마케도니아 공화국 [유고슬라비아 더비]

과거 유고슬라비아로 통합되어있던 나라들 간의 더비 매치이다. 세르비아나 크로아티아, 몬테네그로와 같은 강호들 간의 맞대결은 특히나 관심과 주목을 받고 있다.

스코틀랜드 vs 잉글랜드 vs 웨일스 vs 북아일랜드 [영국 더비]

영국에 속해 있는 나라들 간의 맞대결이기에 영국 더비라 불린다. 특히 잉글랜드와 스코틀랜드가 앙숙 관계로 알려져 있는데, 지금까지 수많은 명장면과 명승부를 연출해왔다.

스페인 vs 프랑스 [바스크 더비]

 바스크 지방을 끝으로 국경이 갈라지는 스페인과 프랑스도 라이벌 관계를 형성하고 있다. 전통적인 유럽의 강호들인 만큼, 축구 자체로서의 라이벌 관계와 자존심 싸움도 상당하다.

스페인 vs 이탈리아

 '세계 최강' 스페인이 유독 약한 상대가 있다면 바로 이탈리아이다. 불과 몇 년 전까지만 해도 스페인은 이탈리아를 상대로 메이저 대회에서 단 1승도 거머쥐지 못할 정도였다. 물론 유로 2012 결승에서 이탈리아를 4-0으로 물리치며 지독히 따라다녔던 메이저 대회 이탈리아 징크스를 떨쳐내는 데는 성공했지만, 이들 사이의 징크스가 확실히 없어졌는지를 확인하기 위해서는 시간이 더 필요하다.

스페인 vs 포르투갈 [이베리아 반도 더비]

 이베리아 반도에 위치한 스페인과 포르투갈 간의 라이벌 관계도 유명하다. 이웃 나라이자 유럽 강호로서 두 나라는 수차례의 자존심 싸움과 설전을 이어왔다.

아르헨티나 vs 우루과이

 첫 월드컵 결승전의 주인공이었던 아르헨티나와 우루과이의 더비도 남미의 주요 더비 중 하나이다. 두 팀 간의 라이벌 역사가 깊기 때문에, 그만한 스토리와 경쟁 구도를 보유하고 있다.

아르헨티나 vs 잉글랜드

아르헨티나가 만나는 가장 최악의 상대는 바로 잉글랜드이다. 과거 포클랜드 전쟁으로 서로 간의 관계가 틀어지기 시작했고, 그 이후 두 팀은 축구에서 맞붙을 때마다 많은 논란거리를 만들어냈다. 대표적인 예로 마라도나의 신의 손 사건을 들 수 있다. 이 사건 이후 특히 서로 간의 맞대결에서는 선수들과 팬들 간의 뜨거운 열기가 샘솟는다.

이집트 vs 알제리 [아랍 더비]

이집트와 알제리는 아프리카 최고의 라이벌 관계 중 하나이다. 이들은 양 국가의 클럽들 간의 경기에서도 변함없는 라이벌 열기를 보여주고 있다. 2011년도에 있었던 경기에선 심판의 오심으로 인해 다수의 팬들이 경기장에 난입해 패싸움을 벌이는 불상사가 벌어지기도 했다.

일본 vs 중국

이웃나라 일본과 중국의 사이도 어지간히 좋지 않다. 우리는 일본을 앙숙으로 여기고 있지만, 일본은 오히려 한국보다 중국에 대한 감정이 더 좋지 않다. 최근 들어 두 국가가 영토 문제, 국방 문제 등으로 자주 다툼을 이어오면서 사이가 더욱 악화되자 이들이 펼치는 축구 경기의 맞대결 역시 범상치 않은 열기를 띠게 됐다. 이들의 라이벌 관계는 동아시아를 주도하는 대표적인 라이벌 중 하나이며, 이것으로 중국과 한국, 일본은 서로 각자에 대한 라이벌 열기를 형성하고 있는 셈이다.

잉글랜드 vs 프랑스 [도버 해협 더비/백년 전쟁]

역사적으로 많은 전쟁을 치렀던 잉글랜드인과 프랑스인은 서로를 앙숙으로 여기고 있다. 비록 양 국가 모두 자국 클럽 팀을 통해 수많은 상대 국가 선수들을 받아들였지만, 그럼에도 서로에 대한 라이벌 열기는 존재한다. 두 팀의 경기는 중세시대에 벌어졌던 두 국가 간의 오랜 전쟁 '백년 전쟁' 탓에 그와 같은 명칭으로 불려지기도 한다.

잉글랜드 vs 스웨덴 [바이킹 징크스]

두 팀 간의 관계라고 하면 잉글랜드의 스웨덴 징크스가 가장 먼저 떠오른다. 잉글랜드는 1968년 이후 단 한 차례도 스웨덴을 상대로 승리를 거두지 못했는데, 2011년 경기에서 겨우 승리를 거두면서 지독히도 자신들을 괴롭히던 스웨덴 징크스를 떨쳐냈다. 하지만 아직까지도 잉글랜드가 가장 껄끄러워 하는 상대는 스웨덴이기 때문에 평소에도 잉글랜드 국민들은 스웨덴에 대한 강한 적개심과 라이벌 의식을 가지고 있다.

체코 vs 슬로바키아 [페더럴 더비]

분리 이전에 같은 나라였던 체코와 슬로바키아는 만날 때마다 숱한 충돌과 사건을 만들어냈다. 과거에는 체코슬로바키아의 국가대표로서 한 팀으로 뭉쳐있던 두 나라였기 때문에 분열된 이후에는 양 국가 간의 끊임없는 자존심 싸움이 펼쳐졌다.

호주 vs 뉴질랜드

호주와 뉴질랜드는 축구를 비롯한 모든 부문에서 치열한 자존심 싸움을 펼치고 있는 라이벌 관계이다. 그러나 호주가 오세아니아 축구연맹(OFC)에서 아시아 축구연맹(AFC)으로 넘어오면서 두 팀의 맞대결 횟수는 과거에 비해 크게 줄어들었다.

제2장
'역대 최고의 축구선수는?'

시대를 풍미한 선수들 간의 라이벌

제2장 '역대 최고의 축구선수는?'
각 시대를 풍미한 선수들 간의 라이벌

'○○○과 △△△ 중 더 뛰어난 선수는 누구일까?'

    축구팬들이라면 한 번쯤은 고민에 빠져봤을 법한 주제이다. Chapter 2의 주제는 바로 그라운드를 구성하는 '선수들 간의 라이벌 관계'이다. 이 장에서 등장하는 라이벌 관계의 선수들 명단은, 필자가 생각한 라이벌 관계와 이벤트에 참여한 일부 독자들이 꼽은 라이벌 관계의 명단을 모아 구성하였다.

1. 펠레 vs 디에고 마라도나(Pele vs Diego Maradona)

⚽ 펠레 에지송 아란치스 두 나시멘투

(Pele Edison Arantes do Nascimento / 1940.10.23. / 브라질 / FW)

(클럽 커리어)
- 1956~1974 산토스 FC (브라질)
- 1975~1977 뉴욕 코스모스 (미국)

(국가대표 커리어)
- 1957~1971 브라질 국가대표

⚽ 디에고 마라도나

(Diego Maradona / 1960.10.30. / 아르헨티나 / MF)

(클럽 커리어)
- 1976~1981 아르헨티노스 주니어스 (아르헨티나)
- 1981~1982 보카 주니어스 (아르헨티나)
- 1982~1984 FC 바르셀로나 (스페인)
- 1984~1991 SSC 나폴리 (이탈리아)
- 1992~1993 세비야 FC (스페인)
- 1993~1994 뉴웰스 올드 보이스 (아르헨티나)
- 1995~1997 보카 주니어스 (아르헨티나)

(국가대표 커리어)
- 1977~1994 아르헨티나 국가대표

'펠레와 마라도나 중 누가 더 최고의 선수일까?'

지구상에서 축구라는 종목이 사라지지 않는 한 이 질문은 영원히 계속되지 않을까? 국경과 세대를 뛰어넘으며 세상의 모든 남녀노소 축구팬들 사이에서 이루어지고 있는 이 논쟁은 아직까지도 명확한 답을 찾지 못한 채 -물론 명확한 답이란 것은 앞으로도 영원히 찾을 수 없겠지만- 제자리 걸음을 하고 있다.

두 선수 모두 위대한 선수인 것만은 분명하다. 펠레는 자신이 주로 활약하던 1950년대부터 70년도 초반 사이에 여러 기록을 달성하며 축구계의 최고 영웅으로 꼽혔고, 마라도나는 1970년도 후반부터 90년대 초반까지 놀라운 활약을 선보이며 그 시기 최고의 영웅으로 손꼽혔다. 이렇듯, 펠레와 마라도나가 활약했던 시기가 서로 다르다는 사실은 그들을 비교하는 것을 어렵게 만든다.

과거 마라도나는, "펠레의 어머니는 펠레를 꼽을 것이고, 내 어머니는 나를 꼽을 것이다" 라는 발언을 한 적이 있었는데 실제로 두 선수의 모국인 브라질과 아르헨티나에서는 각각 자신들의 선수가 최고라고 주장한다.

펠레를 선택하는 팬들은 펠레가 기록적인 면에서 마라도나보다 우위에 있다고 주장한다. 펠레는 10대에 월드컵 첫 우승을 경험했고, 이후 총 3번의 월드컵 우승 타이틀을 거머쥐었는데 이는 마라도나가 가지지 못한 기록이라는 것이다. 뿐만 아니라 왼발밖에 쓸 수 없었던 마라도나에 비해 펠레는 양발을 모두 사용할 수 있었고, 173cm의 키와 높은 점프력 등의 요소로 헤더골 역시 많이 기록했던 펠레가 166cm에 불과했던 마라도나보다 우위에 있다는 것이다.

반면 마라도나 옹호론자들은 펠레와 마라도나가 활약하고 있던 당시의 브라질과 아르헨티나의 국가대표 간 환경, 전력차, 선수층 등의 면에 차이가 존재하기 때문에 기록을 통한 두 선수의 비교는 무의미하다고 반박한다. 당시 펠레와 함께 월드컵 3회 우승을 기록했던 브라질 국가대표는 펠레 외에도 수많은 스타플레이어들을 보유하고 있었고, 대회 시작 전부터 강력한 우승 후보로 꼽힐 만큼 세계 최강의 팀을 자랑했다. 반면 1986년 멕시코 월드컵에서 우승을 차지했던 아르헨티나는 마라도나를 제외하면 이렇다 할 스타플레이어도 없었고, 전문가들로부터 우승후보로 꼽히지도 않았다. 그럼에도 마라도나는 혼자 힘으로 조국 아르헨티나에게 월드컵을 안겨주었다는 것이다. '별 볼일 없던 팀' SSC 나폴리를 이끌고 이탈리아 리그의 최고 자리에까지 올라갔던 것처럼 말이다. 아직까지도 1986년 멕시코 월드컵은 '마라도나를 위한, 마라도나에 의한' 월드컵으로 평가받고 정도로 그 대회의 주역은 마라도나였다.

마라도나 옹호론자들은 그 외에도 파워풀한 드리블 능력과 엄청난 피지컬, 극강의 모습을 보여준 왼발과, 작은 키를 보완해주는 돌파력까지, 그가 가지고 있는 특출난 재능들을 근거로 마라도나가 역대 최고의 선수라고 평가하고 있다.

 하지만, 한때 '최고의 선수'가 아닌 '위대한 선수' 목록에서 마라도나를 삭제시켜야 한다는 주장이 제기되기도 했다. 은퇴 이후에도 자국 내 어린이들을 위해 봉사하며 자기 관리를 철저히 하고 있는 펠레와는 달리 마라도나는 선수 시절 말미 마약에 손을 대는 등 많은 논란을 일으켰기 때문이다.

 은퇴 이후 두 사람은 '발'이 아닌 '입'으로 맞대결을 펼치고 있다. 서로의 조국에서 최고의 선수로 평가받는 있는 네이마르 다 실바와 리오넬 메시에 대한 논쟁에도 두 사람은 빠지지 않고 등장한다. 그리고 두 사람의 인터뷰를 흥미롭게 지켜본 팬들이라면 알겠지만, 네이마르와 메시에 대해 얘기를 하던 두 사람은 결국 시간이 지나면 자신들의 이야기를 하게 된다. 그렇게 또 다시 '펠레 vs 마라도나' 논쟁이 시작되는 것이다.

2. 요한 크루이프 vs 프란츠 베켄바우어
(Johan Cruyff vs Franz Beckenbauer)

⚽ 헨드릭 요하네스 크루이프

(Hendrik Johannes Cruijff / 1947.4.25. / 네덜란드 / MF-ST)

(클럽 커리어)
- 1964~1973 AFC 아약스 (네덜란드)
- 1973~1978 FC 바르셀로나 (스페인)
- 1979~1980 로스앤젤레스 아즈텍스 (미국)
- 1980~1981 워싱턴 디플로매츠 (미국)
- 1981 레반테 UD (스페인)
- 1981~1983 AFC 아약스 (네덜란드)
- 1983~1984 페예노르트 로테르담 (네덜란드)

(국가대표 커리어)
- 1966~1977 네덜란드 국가대표

⚽ 프란츠 베켄바우어

(Franz Beckenbauer / 1945.9.11. / 독일 / DF)

〈클럽 커리어〉
- 1965~1977 FC 바이에른 뮌헨 (독일)
- 1977~1980 뉴욕 코스모스 (미국)
- 1980~1982 함부르크 SV (독일)
- 1983 뉴욕 코스모스 (미국)

〈국가대표 커리어〉
- 1965 서독 B팀 국가대표
- 1965~1977 서독 국가대표

예리한 창과 탄탄한 방패의 대결은 언제나 흥미진진할 수밖에 없다. 축구에서도 그와 같은 라이벌 관계가 있었다. 바로 네덜란드의 '축구 천재' 요한 크루이프와 독일 축구의 '카이저' 프란츠 베켄바우어가 그들이다.

네덜란드와 독일의 맞대결 중 가장 흥미진진한 경기로 기억되는 경기는 1974년 서독 월드컵 결승전이었다. 이 경기는 곧 '최고의 창' 크루이프와 '최고의 방패' 베켄바우어 간의 맞대결이었다. 두 나라 간의 역사적인 감정과 라이벌 의식까지 더해져, 이 날의 경기는 전 세계 축구팬들의 이목을 집중시켰다.

크루이프는 아약스와 바르셀로나에서, 베켄바우어는 바이에른 뮌헨에서 뛰며 각각 자신이 몸담고 있던 클럽 팀을 최고의 자리에 올렸다. 두 선수는 현역 시절 동안 여러 개의 트로피를 들어 올렸고 수많은 개인 타이틀을 석권했다. 두 선수는 사이좋게 세계 정상의 자리에 올라섰지만, 이 날의 월드컵 결승전을 통해 조국에 월드컵을 안기기 위해선 서로에게 승리를 거두어야만 했다.

경기는 네덜란드가 선제골을 넣으며 시작되었지만, 이후 동점골과 역전골을 뽑아낸 서독의 2-1 승리로 마무리되었다. 그렇게 월드컵 우승은 베켄바우어가 속한 서독이 차지했지만, 그 대회의 MVP는 네덜란드의 요한 크루이프가 선정됐다. 이후 크루이프는 "월드컵 MVP는 내 것이니 누가 더 뛰어난 선수인지는 모두가 알고 있을 것"이라는 발언을 남겼고, 베켄바우어도 이에 질세라 "강한 자가 이기는 것이 아니라 이기는 자가 강한 것이다"라는 희대의 명언으로 반박했다.

베켄바우어는 이후에도 크루이프에게 "그래도 월드컵 우승은 나의 몫, 크루이프보다 내가 항상 위에 있다"라는 말

을 남겨 두 선수간의 라이벌 의식을 더욱 격화시켰다. 이외에도 크루이프와 베켄바우어는 그라운드가 아닌 언론과 방송에서 숱한 어록을 남기며 신경전을 펼쳐왔다.

펠레와 마라도나는 동시대에 활약을 펼쳤던 선수들이 아니었기 때문에 비교가 불가능했지만, 크루이프와 베켄바우어는 동시대에 활약했을 뿐만 아니라 서로의 포지션 역시 맞대결이 가능한 최전방 공격수와 최후방 수비수였기 때문에 명확한 비교가 가능했다. 그럼에도 크루이프와 베켄바우어에 대한 축구팬들의 논쟁은 끊이질 않고 있다. 여느 라이벌 관계 역시 마찬가지겠지만, 두 선수 간의 비교에서도 명확한 정답은 없다. 그저 자신이 보는 관점에 따라 최고의 선수가 갈라지는 것뿐이다.

3. 미셸 플라티니 vs 지네딘 지단

(Michel Platini vs Zinedine Zidane)

⚽ 미셸 프랑소와 플라티니

(Michel François Platini / 1955.6.21. / 프랑스 / MF)

(클럽 커리어)
- 1972~1979 AS 낭시 (프랑스)
- 1979~1982 AS 생테티엔 (프랑스)
- 1982~1987 유벤투스 FC (이탈리아)

(국가대표 커리어)
- 1976~1987 프랑스 국가대표

⚽ 지네딘 지단

(Zinedine Zidane / 1972.6.23. / 프랑스 / MF)

(클럽 커리어)
- 1988~1992 AS 칸 (프랑스)
- 1992~1996 FC 지롱댕 보르도 (프랑스)
- 1996~2001 유벤투스 FC (이탈리아)
- 2001~2006 레알 마드리드 (스페인)

(국가대표 커리어)
- 1994~2006 프랑스 국가대표

프랑스 축구의 영웅이자 누구보다도 우아한 플레이를 펼쳤던 선수. 이는 미셸 플라티니와 지네딘 지단 두 선수 모두가 받을 수 있는 칭호이다. 패싱력과 키핑력 그리고 득점력이 강점이었던 두 선수는 같은 포지션, 비슷한 플레이 스타일 덕분에 '누가 더 뛰어난 미드필더이냐?' 라는 질문의 대상이 되어왔다. 두 선수의 클래스가 독보적이지 않았다면 제기되지 못할 질문이었다.

1970~80년대는 누가 뭐래도 미셸 플라티니의 시대였다. 공격수가 아닌가 헷갈릴 정도의 빼어난 득점력에 미드필더로서의 멋진 패스 능력까지 겸비했던 플라티니는 클럽 팀과 국가대표 팀에서 자신의 존재감을 드러냈다. 플라티니의 활약으로 프랑스는 월드컵에서 2회 연속 4강에 진출하고 유로 대회를 우승하는 기염을 토했다. 프랑스 국민들은 모두 플라티니의 활약에 열광했고, 이 때문에 아직까지 플라티니는 프랑스 축구를 주도한 최고의 전설로 기억되고 있다. 플라티니는 자신의 공을 인정받으며 3회 연속 발롱도르를 수상했는데, 이는 당대 선수들에겐 좀처럼 있을 수 없는 기록이었다.

반면 지네딘 지단은 90년대 프랑스 축구의 '아트싸커' 시대를 열었던 또 다른 전설로 기억되고 있다. 이주민 출신이었던 지단은 이민자가 살아가기 어려웠던 프랑스 사회를 상대로 인종과 민족 간의 화합을 불러일으키며 누구보다도 프랑스 사회의 발전을 위해 힘썼다. 그의 이와 같은 노력은 티에리 앙리와 릴리앙 튀랑과 같은 재능 있는 유색 인종 선수들이 프랑스 국가대표에 합류할 수 있는 길을 열어주는 계기가 되었다.

지단의 공으로 프랑스는 98년 프랑스 월드컵에서 우승을 차지하며 플라티니 시대에는 이루지 못한 궁극의 자리에 도달했고, 이후 유로 2000의 우승까지 확정지으면서 아트싸커의 전성시대를 열 수 있었다.

지단은 플라티니에 뒤지지 않는 패스 능력과 키핑력을 겸비하고 있다. 그러나 득점력에 있어서는 플라티니에 비해 다소 열세라는 평가를 받고 있다. 하지만 지단은 자신이 소속되어 있는 클럽에서 중요한 순간마다 한 건씩 해결해 주는 해결사의 역할을 톡톡히 했다.

지단과 플라티니는 분명 프랑스 축구의 대표적인 영웅들이고, 프랑스의 황금기를 이끌었던 최고의 판타지 스타들이다. 그러나 두 선수의 논쟁에서 지단의 약점으로 평가받는 것은 바로 정신적인 능력 즉, 평정심을 유지하는 '멘탈'의 힘이다. 지단은 경기 중 다혈질적인 성격으로 인해 퇴장을 당하는 사례가 잦았고, 이는 팀의 경기력과 승패에 직접적인 영향을 끼쳤다. 2006 독일 월드컵 결승에서 마테라치를 향해 날린 '박치기'가 대표적이다.

최근 프랑스 축구에서는 지단과 플라티니 같은 최고의 판타지 스타를 찾는 것이 어려워졌다. 이들과 같은 전설적인 선수의 부재는 팬들로부터 아쉬움을 자아내게 한다.

4. 디에고 마라도나 vs 리오넬 메시

(Diego Maradona vs Lionel Messi)

⚽ 디에고 마라도나

(Diego Maradona / 1960.10.30. / 아르헨티나 / MF)

(클럽 커리어)
- 1976~1981 아르헨티노스 주니어스 (아르헨티나)
- 1981~1982 보카 주니어스 (아르헨티나)
- 1982~1984 FC 바르셀로나 (스페인)
- 1984~1991 SSC 나폴리 (이탈리아)
- 1992~1993 세비야 FC (스페인)
- 1993~1994 뉴웰스 올드 보이스 (아르헨티나)
- 1995~1997 보카 주니어스 (아르헨티나)

(국가대표 커리어)
- 1977~1994 아르헨티나 국가대표

⚽ 리오넬 안드레스 메시

(Lionel Andrés Messi / 1987.6.24. / 아르헨티나 / FW)

(클럽 커리어)
- 2004~ FC 바르셀로나 (스페인)

(국가대표 커리어)
- 2005 아르헨티나 U-20 국가대표
- 2008 아르헨티나 U-23 국가대표
- 2005~ 아르헨티나 국가대표

마라도나와 메시. 두 선수는 나란히 아르헨티나의 10번을 달고 뛰었는데 발재간이 좋고 드리블 능력이 뛰어나며 키가

작다는 점까지 포함해 많은 공통점을 가지고 있다. 1980년대 마라도나가 세계를 제패한 이후 아르헨티나 내에서 제 2의 마라도나를 찾으려는 노력과 그에 대한 논쟁은 끊이지 않았지만, 바르셀로나 유소년 출신으로 데뷔한 아르헨티나의 한 소년의 등장으로 그 논란의 종지부를 찍게 되었다.

리오넬 메시는 현역 시절 마라도나의 플레이와 비교되며 '제 2의 마라도나'로 불리기 시작했고, 아르헨티나 국민들을 비롯한 전 세계 축구팬들의 관심을 한 몸에 받기 시작했다. 그러나 점차 메시가 마라도나의 기록을 뛰어넘고 연이어 발롱도르를 수상하며 최고의 자리에 오르기 시작하자, 일부 메시의 팬들은 메시는 이미 마라도나를 넘어섰다고 주장했다.

이때 가장 객관적인 지표로 비교할 수 있는 논리가 출현했다. 바로 '두 선수가 시대를 바꿔본다면 기존 선수만큼의 활약을 보여줄 수 있었을까?' 였다. 먼저 마라도나가 뛰었던 1970~80년대는 압박 축구가 주류를 이루지 않았던 시대였다. 지금처럼 미드필더나 공격 진영에 있는 선수들까지 적극적으로 수비에 가담하는 경우는 극히 드물었고, 수비수들이 한 공격수를 막기 위해 미리 잘 짜여진 전술을 준비하는 경우도 없었다. 분명 이런 면에서는 메시가 더 우위에 있는 것이 사실일 수도 있다. 왜냐하면 현대축구와 같이 압박이 치열했더라면 아무리 마라도나라도 상대 수비벽을 뚫고 돌파한다는 것이 쉽지 않았을 거란 생각을 할 수 있기 때문이다.

그러나 우리가 알고 있는 마라도나의 강점은 메시와 같이 좁고 세밀한 플레이가 아닌 작고 단단한 체구를 이용한 강력한 파워였다.

허정무의 거친 태클에도 불구하고 경고 없이 경기는 속개되었다.
당시로서는 이러한 거친 태클이 용납되었다.

당시의 축구는 현재처럼 반칙에 대한 규제와 기준이 엄격하지 않았던 시대였다. 이 때문에 마라도나를 막으려던 수비수들은 마라도나의 몸을 겨냥한 태클을 시도하거나 팔꿈치로 내려찍고, 혹은 심지어 태클이 아닌 발차기를 날리는 등

무차별적인 폭력을 수비 수단으로 사용했다. 86 멕시코 월드컵에서 마라도나에게 '태권 킥'을 날렸던 허정무가 경고 없이 경기를 진행할 수 있었던 것에도 바로 이러한 배경이 있었기에 가능했다. 하지만, 마라도나는 이 같은 상대의 폭력과 몸싸움을 이겨내고 자신의 플레이를 유지할 수 있었던 선수였다. 만약 메시가 마라도나와 같이 7~80년대에 태어났더라면, 이 같은 수비수들의 견제를 이겨냈으리라 장담하기는 어렵다.

사실 객관적인 비교는 불가능하다. 각 선수가 활약했던 시대의 축구는 전혀 다른 축구라 봐도 무방할 만큼 그 차이가 확연하기 때문이다. 다른 시대에서 플레이한 선수들을 한 시대만의 관점에서 비교하는 것은 분명 모순이다. 다만 이와 같은 배경을 한 번쯤은 짚고 넘어간다면 각 선수를 이해하는 데에 있어서도 도움이 될 수 있으리라 생각된다.

5. 호나우두 vs 지네딘 지단

(Ronaldo vs Zinedine Zidane)

☸ 호나우두 루이스 나자리우 지 리마

(Ronaldo Luiz Nazario De Lima / 1976.9.22. / 브라질 / FW)

(클럽 커리어)
- 1993~1994 크루제이루 EC (브라질)
- 1994~1996 PSV 아인트호벤 (네덜란드)
- 1996~1997 FC 바르셀로나 (스페인)
- 1997~2002 FC 인터 밀란 (이탈리아)
- 2002~2007 레알 마드리드 (스페인)
- 2007~2008 AC 밀란 (이탈리아)
- 2008~2011 SC 코린티안스 (브라질)

(국가대표 커리어)
- 1994~2011 브라질 국가대표

☸ 지네딘 지단

(Zinedine Zidane / 1972.6.23. / 프랑스 / MF)

(클럽 커리어)
- 1988~1992 AS 칸 (프랑스)
- 1992~1996 FC 지롱댕 보르도 (프랑스)
- 1996~2001 유벤투스 FC (이탈리아)
- 2001~2006 레알 마드리드 (스페인)

(국가대표 커리어)
- 1994~2006 프랑스 국가대표

호나우두, 지네딘 지단, 그리고 루이스 피구. 국내에 해외 축구가 조금씩 전파되던 시절, 세계를 평정하며 최고의 선수로 자리 잡은 세 선수는 '갈락티코' 정책을 내세우던 레알 마드리드에 입단하며 자신들의 위용을 과시했다.

특히 호나우두와 지단은 위 세 선수 중에서도 1990년대를 대표한 최고의 선수로 불리고 있다. 이 때문에 두 선수의 포지션이 다름에도 불구하고, 포워드의 중요함과 미드필더의 우수성을 강조했던 양 선수의 팬들은 자신의 선수가 최고라고 주장했고, 이 같은 논쟁은 국내 축구커뮤니티에서도 빼놓지 않고 등장하던 단골메뉴 중 하나였다.

호나우두와 지단은 동시대에 플레이를 했던 것은 사실이지만 같은 포지션에서 활약했던 선수들은 아니었기 때문에 직접적인 비교는 불가능하다. 그럼에도 굳이 비교를 하자면 골을 넣을 수 있는 해결사의 감각은 호나우두, 그리고 마에스트로와 같은 패싱 능력과 경기 조율 능력은 지단의 손을 들어주는 것이 합당하다.

월드컵 우승을 경험한 뒤, 유럽 최고의 클럽에서 몸담으며 각종 메이저 대회 우승 트로피를 들어 올렸던 두 선수는 특히 레알 마드리드의 갈락티코 1기 멤버로서 당시 초호화 선수들로 이름을 날리던 스쿼드에서도 주전으로 활약했다.[8]

국가대표와 클럽 팀에서 모두 영웅 같은 활약을 펼쳤던 두 선수는 특히 1990년대 후반부터 2000년대 중반까지 축구계를 대표하는 최고의 선수였다는 공통점도 가지고 있다. 이

---

8) 스쿼드에 비해 레알 마드리드의 갈락티코 1기는 그다지 많은 우승 트로피를 들어 올리진 못했다

들의 플레이를 지켜본 축구팬들은 아직까지도 당시의 기억을 회상하며 서로의 선수가 최고라는 주장을 고집하고 있다. 아쉽게도 두 선수 모두 이미 은퇴를 선언한 상황이기 때문에, 당시의 활약상을 보며 축구에 입문했던 팬들은 모두 그들의 플레이를 그리워하고 있다.

6. 지네딘 지단 vs 루이스 피구

(Zinedine Zidane vs Luis Figo)

지네딘 지단

(Zinedine Zidane / 1972.6.23. / 프랑스 / MF)

〈클럽 커리어〉
- 1988~1992 AS 칸 (프랑스)
- 1992~1996 FC 지롱댕 보르도 (프랑스)
- 1996~2001 유벤투스 FC (이탈리아)
- 2001~2006 레알 마드리드 (스페인)

〈국가대표 커리어〉
- 1994~2006 프랑스 국가대표

· **루이스 피구** (Luis Figo / 1972.11.4. / 포르투갈 / MF)

〈클럽 커리어〉
- 1989~1995 스포르팅 리스본 (포르투갈)
- 1995~2000 FC 바르셀로나 (스페인)
- 2000~2005 레알 마드리드 (스페인)
- 2005~2009 FC 인터 밀란 (이탈리아)

〈국가대표 커리어〉
- 1991~2006 포르투갈 국가대표

 루이스 피구는 시대의 최고의 선수로까지는 평가받지 못했지만 20년에 가까운 시간 동안 포르투갈을 이끌었던 영웅으로 기억되고 있다. 그리고 피구는 호나우두와 지단과 함께, 국내에 유럽 축구가 전파되던 시절 좋은 활약을 펼치며 그 이름을 떨쳤기에 국내에서도 상당한 마니아층을 보유하고 있다.

 지단과 피구는 유럽 최고의 미드필더로서 오랫동안 비교받아왔다. 특히 불우한 환경에서 자라 생계를 유지하기도 힘들었던 성장 과정, 레알 마드리드로 오기 전까지 전 소속팀에서 영웅과도 같은 대우를 받으며 최고의 선수로 떠오른 점 등 공통점이 많았기에 두 선수를 향한 팬들 간의 비교 논쟁을 활발하게 만들었다.

 두 선수는 각각 유벤투스와 바르셀로나에서 활약한 이후 갈락티코 정책을 내세우던 레알 마드리드로 이적하면서 서로 호흡을 맞추게 되었다.

그리고 두 선수가 각각 국가대표 은퇴 수순을 밟던 시점, 가장 흥미를 불러일으킨 맞대결이 펼쳐졌다. 2006 독일 월드컵 준결승전에서 지단이 속해 있던 프랑스와, 피구가 속해 있던 포르투갈이 맞붙게 된 것이다. 오랫동안 축구계를 이끌며 영원히 영웅으로 빛날 것만 같던 두 선수가 마지막으로 참가하는 월드컵이자 마지막 맞대결이 될 것이었기에 두 선수의 팬들은 프랑스와 포르투갈 간의 준결승전을 매우 특별한 의미로 지켜보았다.

지단의 페널티킥 골로 프랑스가 1-0 승리를 차지한 이 경기가 종료된 후 지단과 피구는 서로를 안아주며 유니폼을 교환했고, 그런 모습은 팬들의 기억 속에서 영원히 잊혀지지

않을 최고의 명장면이 되었다. 그 후 결승에 진출한 프랑스는 지단의 불명예스러운 퇴장[9]과 함께 승부차기 끝에 이탈리아에게 패하며 준우승에 머물렀고, 포르투갈도 독일과의 3·4위전에서 패하며 레전드들의 마지막 월드컵은 아쉽게 마무리 되었다.

7. 로이 킨 vs 패트릭 비에이라

(Roy Keane vs Patrick Vieira)

⚽ 로이 모리스 킨

(Roy Maurice Keane / 1971.8.10. / 아일랜드 / MF)

(클럽 커리어)
- 1989~1990 콥 램블러스 (아일랜드)
- 1990~1993 노팅엄 포레스트 FC (잉글랜드)
- 1993~2005 맨체스터 유나이티드 FC (잉글랜드)
- 2005~2006 셀틱 FC (스코틀랜드)

---

9) 이름도 유명한 '지단 박치기' 사건을 의미.

〈국가대표 커리어〉
- 1990~1991 아일랜드 U-21 국가대표
- 1991~2005 아일랜드 국가대표

패트릭 비에이라

(Patrick Vieira / 1976.6.23. / 프랑스 / MF)

〈클럽 커리어〉
- 1993~1995 AS 칸 (프랑스)
- 1995~1996 AC 밀란 (이탈리아)
- 1996~2005 아스날 FC (잉글랜드)
- 2005~2006 유벤투스 FC (이탈리아)
- 2006~2010 FC 인터 밀란 (이탈리아)
- 2010~2011 맨체스터 시티 FC (잉글랜드)

〈국가대표 커리어〉
- 1995~1996 프랑스 U-21 국가대표
- 1997~2010 프랑스 국가대표

'잉글랜드 프리미어리그(이하 EPL)'의 대표적인 주요 라이벌 관계 중 하나가 맨체스터 유나이티드 FC와 아스날 FC 간의 라이벌 관계이다. 1990년대 중반부터 2000년대 초반까지 EPL의 '쌍두마차'로서 우승 트로피를 나눠 가졌던 두 팀은 알렉스 퍼거슨과 아르센 벵거 감독 간의 맞대결로 세간의 관심과 이목을 불러 모았다. 그러나 맨유와 아스날이 맞대결을 펼칠 때마다 퍼거슨과 벵거에 대한 관심 못지않게 주목을 받아오던 두 선수가 있었는데, 바로 양 팀의 주장이자 수비형 미드필더 혹은 중앙 미드필더의 역할을 담당하던 로이 킨과 패트릭 비에이라가 그 주인공들이었다.

두 선수의 중원 장악 능력은 정평이 나 있다. 넓은 활동 반경과 뛰어난 체력, 깔끔한 수비 능력까지 비슷한 두 선수는 그들이 지니고 있던 리더십과 주장이라는 직책에서 오는 책임감이라는 요소들도 닮아 있다.

평소 불같은 성격을 가진 걸로 유명한 로이 킨과 비에이라는 그라운드 내에서도 다혈질적인 행동으로 논란을 빚어왔었다. 그리고, 04/05 시즌 맨유와 아스날의 두 번째 리그 맞대결 중에 '사건'은 일어났다. 첫 번째 리그 맞대결에서 맨유에게 패하며 리그 50경기 연속 무패행진 기록 달성에 실패한 아스날이었기에 그 팀의 선수들은 반드시 설욕하고자 하는 마음이 강했다. 아스날의 주장인 비에이라도 마찬가지였다. 어떻게 해서든 맨유에게 패배를 안겨주겠다는 마음을 가진 터라 비에이라는 평소보다도 예민했다.

잔뜩 과열되어 있던 분위기에 결국 양 팀은 입장 터널에서부터 충돌하기 시작했다. 당시 양 팀의 선수들은 인종 차별 반대 마크를 착용하고 경기장에 입장했어야 했는데, 비에이라가 맨유의 게리 네빌이 그 마크를 착용하지 않은 것을 발견하고 흑인인 자신을 비하하는 의미라고 생각해 네빌에게 목소리를 높이기 시작한 것이다. 비에이라는 네빌을 향한 폭언을 멈추지 않으면서 신경전을 펼쳤고, 이 상황과는 아무런 관계도 없던 로이 킨이 이후 네빌 앞에 선 비에이라에게 "나에게도 똑같이 해봐!" 라고 소리쳤다. 두 선수의 충돌은 앞을 지키고 있던 심판의 중재 덕에 가까스로 중단되었지만, 이 같은 살벌한 분위기는 당시 경기를 중계하던 카메라에 담겨 그대로 대중들에게 전해지게 되었다.

그라운드 내에서 잦은 충돌을 일으켰던 두 선수.
만날 때마다 수차례의 설전과 폭력이 오고 갔다.

당시 맨유와 아스날의 라이벌 관계를 흥미롭게 지켜본 팬들은 각 팀의 주장이자 에이스였던 로이 킨과 비에이라의 라이벌 관계를 잊지 못한다. 최근 맨유와 아스날의 라이벌 매치가 과거에 비해 조금은 덜 치열해졌는데, 더 이상 양 팀에 로이 킨과 비에이라처럼 '뜨거운 가슴'을 가진 선수가 없기 때문은 아닐까 하고 생각해 본다.

8. 로이 킨 vs 알피 할란드
(Roy Keane vs Alf-Inge Haaland)

◎ 로이 모리스 킨

(Roy Maurice Keane / 1971.8.10. / 아일랜드 / MF)

(클럽 커리어)
- 1989~1990 콥 램블러스 (아일랜드)
- 1990~1993 노팅엄 포레스트 FC (잉글랜드)
- 1993~2005 맨체스터 유나이티드 FC (잉글랜드)
- 2005~2006 셀틱 FC (스코틀랜드)

(국가대표 커리어)

- 1990~1991 아일랜드 U-21 국가대표
- 1991~2005 아일랜드 국가대표

⚽ 알피 할란드

(Alf-Inge Haaland / 1972.11.23. / 노르웨이 / DF)

(클럽 커리어)
- 1990~1993 브뤼네 FK (노르웨이)
- 1993~1997 노팅엄 포레스트 (잉글랜드)
- 1997~2000 리즈 유나이티드 (잉글랜드)
- 2000~2003 맨체스터 시티 (잉글랜드)

(국가대표 커리어)
- 1994~2001 노르웨이 국가대표

'복수'는 현대 축구에서 '스토리'를 만들어 내는데 핵심적인 역할을 하는 요소 중 하나이다. 그리고 '축구장에서의 복수' 하면 가장 먼저 떠오르는 사람이 바로 로이 킨과 알피 할란드이다.

사건은 1997년 펼쳐진 리즈 유나이티드와 맨체스터 유나이티드 간의 맞대결에서 시작되었다. 당시 로이 킨은 할란드와 공에 대한 경합을 벌이던 중, 그라운드에 쓰러졌다. 이때 할란드는 로이 킨이 반칙을 얻기 위해 고의적인 할리우드 액션을 벌인 것으로 이해하고 "엄살 피우지 말라"며 소리를 쳤다. 하지만 로이 킨이 당한 부상은 실제로도 깊은 것이었다. 전방십자인대 부상으로 인해 로이 킨은 남은 시즌의 경기를 소화하지 못하는 '시즌 아웃' 판정을 받았고, 이 때문에 데뷔 이래 첫 주장 완장을 차며 성공적인 시즌을 기대했던 로이 킨의 바람은 일순간에 물거품이 되어버렸다. 뿐만 아니라 로이 킨의 부재로 인해 그 해 맨유는 아스날에게 리그 우승을 넘겨주며 3회 연속 우승 기록을 눈앞에 둔 채 좌절하고 말았고, 로이 킨의 조국인 아일랜드 역시 98 프랑스 월드컵의 본선 진출에 실패하고 말았다. 부상으로 인해 너무나도 많은 것을 놓치고 만 로이 킨은 힘든 재활 훈련을 거치면서 할란드에게 복수를 다짐했고, 그와 다시 만나게 될 날만을 벼르고 있었다.

그러나 로이 킨이 할란드에게 태클을 당해 부상을 입었다고 보기에는 다소 무리가 있다. 당시의 영상을 보면, 할란드의 거친 몸싸움이나 태클이 원인이 된 것이 아니라 로이 킨 스스로가 발을 헛디뎌 부상을 입은 느낌이 더 강했다. 설령 할란드의 수비 과정에서 벌어진 부상이라 하더라도 모든 것을 그의 탓으로만 돌려세운다는 것은 억지에 가까운 상황이었다. 하지만 로이 킨은 부상 당시 할란드가 자신에게 "엄살 피우지 말라"며 큰 소리를 내뱉었던 점이 너무나 괘씸했다.

그들의 '재회'는 운명적이게도 '맨체스터 더비'에서 이루어졌다. 할란드는 2001년 당시 맨체스터 시티 소속으로 더비 매치에 출전했고, 로이 킨 역시 맨유의 주장 완장을 찬 채로 선발 출장했다.

4년이라는 시간 동안 '복수의 칼날'을 갈아왔던 '그라운드의 악동' 로이 킨은 할란드와 일대일로 마주치게 될 상황을 맞이하자마자 기다렸다는 듯이 할란드를 향해 몸을 날렸고,

'살인 태클'을 당하게 된 할란드는 그 자리에서 쓰러지고 말았다. 로이 킨은 쓰러져 있는 할란드를 향해 자신이 4년 전에 들었던 "엄살 피우지 말라"는 소리를 그대로 내뱉으며 '완벽한 복수'에 성공했다.

그리고 심판이 로이 킨에게 레드카드를 빼내들기도 전에, 로이 킨은 스스로 경기장을 빠져나갔다. 이후 FA로부터 15만 파운드의 벌금과 5경기 출장정지라는 중징계를 받은 로이 킨은 '쿨하게' 이를 모두 인정했다.

할란드는 이 태클로 인해 평소 좋지 않았던 자신의 무릎이 완전히 손상되었으며, 이후 재기에 실패해 선수 생활 은퇴를 선언해야만 했다. 할란드는 로이 킨에 의해 선수 생활을 접어야 했다는 이유로 법원을 상대로 추가적인 보상을 요구했지만, 평소 그의 무릎이 이미 좋지 않은 상태였다는 점 때문에 승소하진 못했다.

축구팬들은 로이 킨의 이같은 '복수극'을 어떻게 바라보아야 할까? 그의 행위를 영화의 한 장면처럼 받아들여야 할까, 아니면 한 선수의 인생을 앗아간 잔인한 앙갚음으로 보아야 할까?

9. 루드 반 니스텔루이 vs 패트릭 클루이베르트

(Ruud van Nistelrooy vs Patrick Kluivert)

⚽ 루드 반 니스텔 루이

(Ruud van Nistelrooy / 1976.7.1. / 네덜란드 / FW)

(클럽 커리어)
- 1993~1997 FC 덴 보쉬 (네덜란드)
- 1997~1998 SC 헤렌벤 (네덜란드)
- 1998~2001 PSV 아인트호벤 (네덜란드)
- 2001~2006 맨체스터 유나이티드 FC (잉글랜드)

- 2006~2010 레알 마드리드 (스페인)
- 2010~2011 함부르크 SV (독일)
- 2011~2012 말라가 CF (스페인)

(국가대표 커리어)
- 1998~2011 네덜란드 국가대표

∴ 패트릭 클루이베르트
(Patrick Kluivert / 1976.7.1. / 네덜란드 / FW)

(클럽 커리어)
- 1994~1997 AFC 아약스 (네덜란드)
- 1997~1998 AC 밀란 (이탈리아)
- 1998~2004 FC 바르셀로나 (스페인)
- 2004~2005 뉴캐슬 유나이티드 FC (잉글랜드)
- 2005~2006 발렌시아 CF (스페인)
- 2006~2007 PSV 아인트호벤 (네덜란드)
- 2007~2008 릴 OSC (프랑스)

(국가대표 커리어)
- 1994~2004 네덜란드 국가대표

1976년 7월 1일. 네덜란드를 대표하는 두 골잡이들은 공교롭게도 같은 해, 같은 날 태어났다. 네덜란드를 이끌고 유럽 축구에 지각 변동을 일으킨 두 선수, 루드 반 니스텔루이와 패트릭 클루이베르트 이야기이다.

출생일은 같았지만 먼저 스타반열에 올라서게 된 선수는

클루이베르트였다. 클루이베르트는 아약스 유소년 팀에서부터 재능을 인정받으며 어린 나이에 유럽의 강팀들로부터 관심을 받았고 이후 아약스와 AC 밀란, 바르셀로나를 거치면서 네덜란드의 대표적인 스트라이커로 성장했다. 특히 98 프랑스 월드컵에서 팀 내 최고의 에이스였던 베르캄프와 함께 환상적인 호흡을 자랑하며 전 세계 축구팬들의 이목을 집중시켰다.

하지만 반 니스텔루이의 시작은 클루이베르트의 그것과 달랐다. 네덜란드의 2부 리그 클럽 덴보쉬에서 약 4년 간 활약하고, 이후 하렌벤에서 1년을 더 뛴 뒤에야 비로소 빛을 볼 수 있었던 반 니스텔루이는 대기만성형 선수였다. 이후 그는 PSV 아인트호벤, 맨체스터 유나이티드, 레알 마드리드 등을 거치면서 동갑내기 클루이베르트와 경쟁 구도를 쌓아갔다.

98 월드컵 이후 뒤늦게 국가대표로 발탁이 된 반 니스텔루이는 그때부터 본격적으로 클루이베르트와의 주전 경쟁에 나서야 했다. 그러나 클루이베르트는 이미 그 당시 최고의 활약을 뽐내며 네덜란드의 팬들과 코칭스태프, 감독의 신임을 한 몸에 받고 있는 상태였다. 그럼에도 불구하고 반 니스텔루이는 자신에게 주어진 환경에 낙담하지 않았다. 그는 대표팀에 발탁된 이후 끊임없는 노력을 이어가며 자신에게 출전 기회가 주어질 때마다 기대 이상의 활약을 펼쳤고, 그 덕분에 유로 2000 출전도 눈앞에 두고 있었다. 잉글랜드의 맨체스터 유나이티드도 반 니스텔루이에게 러브콜을 보냈다. 그러나 부상이 그의 발목을 잡았다. 첫 메이저 대회 출전의 꿈도, 맨유로의 이적도 모두 물거품이 되고 말았다. 반 니스

텔루이는 유로 2000에서 자신의 라이벌인 클루이베르트가 주전으로 활약하는 모습을 그저 바라보는 수밖에 없었다. 클루이베르트가 앞으로도 반 니스텔루이에 비교 우위를 점할 것이라는 의견이 지배적이었다.

하지만 유로 2000 대회 이후 클루이베르트의 '폼'은 내리막을 걷기 시작했다. 클루이베르트는 잦은 부상으로 인해 정상의 컨디션을 유지할 수 없었고 결국 기나긴 슬럼프에 빠지고 말았다. 그러면서 소속팀인 바르셀로나에서도 쫓겨나는 수모를 겪어야만 했다. 항상 최고일 것만 같던 클루이베르트의 전성기가 그렇게 막을 내리고 있었다.

반면 부상 이후 뼈를 깎는 노력으로 반전을 꾀한 반 니스텔루이는 결국 재기에 성공해 1년 뒤 다시 맨체스터 유나이티드와 계약에 성공했다. 국가대표에서의 입지도 탄탄하게 다지며 유로 2004와 2006 독일 월드컵에서 주전 공격수로 당당히 활약했다.

라이벌과의 격차를 노력으로 따라잡고, 이후 자신의 꽃을 피워낸 반 니스텔루이의 끈기는 분명 모범이 될 만한 행적이다. 같은 날짜에 태어났고, 네덜란드의 골잡이로서 많은 조명을 받았다는 공통점이 있지만 축구 인생으로는 정반대의 행보를 걸어온 두 선수의 인생 스토리는 많은 교훈을 안겨준다.

10. 호베르투 카를로스 vs 빅샹트 리자라쥐

(Roberto Carlos vs Bixente Lizarazu)

⚽ 호베르투 카를로스 다 사우바 호샤

(Roberto Carlos da Silva Rocha / 1973.4.10. / 브라질 / DF)

(클럽 커리어)
- 1990~1992 우니앙 상 조앙 EC (브라질)
- 1992~1993 아틀레치쿠 미네이루 (브라질)
- 1993~1995 SE 파우메이라스 (브라질)
- 1995~1996 FC 인터 밀란 (이탈리아)
- 1996~2007 레알 마드리드 CF (스페인)
- 2007~2010 페네르바체 SK (터키)
- 2010~2011 SC 코린티안스 (브라질)
- 2011~2012 안지 마하치칼라 (러시아)

(국가대표 커리어)
- 1992~2006 브라질 국가대표

빅상트 리자라쥐

(Bixente Lizarazu / 1969.12.9. / 프랑스 / DF)

(클럽 커리어)
- 1987~1996 FC 지롱댕 드 보르도 (프랑스)
- 1996~1997 아틀레틱 빌바오 (스페인)
- 1997~2004 FC 바이에른 뮌헨 (독일)
- 2004~2005 올랭피크 드 마르세유 (프랑스)
- 2005~2006 FC 바이에른 뮌헨 (독일)

(국가대표 커리어)
- 1992~2004 프랑스 국가대표

참 재미있는 논쟁이다. 왼쪽 측면 수비수 중 누가 더 뛰어나냐는 논쟁인데, 이들의 플레이를 지켜본 축구팬들의 대답은 제각각이다.

카를로스와 리자라쥐는 매우 흡사한 체격 조건을 가졌다. 카를로스가 168cm에 70kg, 리자라쥐는 169cm에 70kg로 육안으로 보기에는 좀처럼 구별하기 쉽지 않다. 하지만 둘의 플레이스타일은 전혀 다르다.

보통 카를로스를 떠올릴 때는 수비보다는 공격적인 측면에 주목한다. 파워풀한 오버래핑, 빠른 스피드와 'UFO 슛'에서도 볼 수 있듯이 환상적인 킥력까지. 대부분의 축구팬들은 카를로스의 이런 공격적인 모습 때문에 그를 최고의 측면 수비수로 평가하는 경우가 많은데, 이는 국내에서도 예외가 아니다.

그러나 카를로스는 잦은 오버래핑으로 인해 자신이 위치해 있는 지역의 뒷 공간을 공격진에게 노출하는 경우가 많았고, 종종 범하는 실수로 팀에 치명적인 위기를 야기했다. 이 때문에 카를로스는 측면 수비수보다는 공격형 윙어로서 출전하는 일이 잦았다.

반면 리자라쥐의 장점은 뛰어난 수비력과 안정감에 있었다. 당대 최고의 윙어들도 리자라쥐가 형성한 벽은 쉽게 뚫지 못할 정도로 측면 수비수 본래의 역할인 수비력에서 리자라쥐는 단연 압도적인 평가를 받았다. 뿐만 아니라 적절한 오버래핑을 통해 팀의 공격에도 충분한 활기를 불어넣었다. 물론 카를로스처럼 자신의 뒷 공간을 내주는 경우는 드물었다. 생각이 깊은 플레이, 그리고 안정감을 중시하는 스타일의 리자라쥐였던 것이다.

정리하자면 공격적인 재능은 카를로스, 수비적인 재능은 리자라쥐의 손을 들어주는 것이 적절한 판단이 아닌가 싶다. 두 선수는 극명히 갈리는 플레이 스타일 때문에 어느 선수가 최고의 측면 수비수인가에 대해 팬들이 격렬하게 논쟁하게 만든 선수들이었다.

11. 라데 보그다노비치 vs 샤샤 드라쿨리치 vs 데얀 다미아노비치

(Rade Bogdanovic vs Sasa Drakulic vs Dejan Damjanovic)

사진 제공 및 출처 : 포항 스틸러스, soccernet-asia /
사진 제공 : 쑥덕기덕(@theyo30)

⚽ 라데 보그다노비치

(Rade Bogdanovic / 1970.5.21. / 보스니아 헤르체고비나 / FW)

(클럽 커리어)

- 1988~1992 FK 젤레즈니차르 사라예보 (보스니아 헤르체고비나)
- 1992~1996 포항 아톰스 (대한민국)
- 1997 제프 유나이티드 지바 (일본)
- 1997 아틀레티코 마드리드 (스페인)
- 1997~1998 NAC 브레다 (네덜란드)
- 1998~2002 SV 베르더 브레멘 (독일)
- 2002~2003 아르미니아 빌레펠트 (독일)
- 2003~2004 알와흐다 (아랍에미리트)

〈국가대표 커리어〉
- 1997 유고슬라비아 국가대표

샤샤 드라쿨리치

(Sasa Drakulic / 1972.8.28. / 유고슬라비아 / FW)

〈클럽 커리어〉
- 1993~1994 FK 츠르베나 즈베즈다 (세르비아)
- 1995~1998 부산 대우 로얄즈 (대한민국)
- 1998~2000 수원 삼성 블루윙즈 (대한민국)
- 2000 가시와 레이솔 (일본)
- 2001~2003 성남 일화 천마 (대한민국)
- 2004~2005 AEK 라르나카 (키프로스)
- 2005~2006 FK 보이보디나 (세르비아)
  (2006 FK CSK 피바라 (세르비아) [임대])
- 2006~2007 FK 믈라도스트 아파틴 (세르비아)
- 2007~2008 FK 보이보디나 (세르비아)
- 2008~2010 FK 프롤레터 노비사드 (세르비아)
- 2010 FK 믈라도스트 아파틴 (세르비아)
- 2010 FK 세멘트 베오신 (세르비아)

데얀 다미아노비치

(Dejan Damjanović / 1981.7.27. / 몬테네그로 / FW)

〈클럽 커리어〉
- 1996~1999 FK 신델리치 (세르비아)

- 2000~2003 FK 젤레즈니크 (세르비아)
  (2001~2002 FK 라스타 (세르비아) [임대])
  (2002~2003 FK 스렘 (세르비아) [임대])
- 2003~2006 FK 베자니아 (세르비아)
  (2004~2005 FK 라드니츠키 (세르비아) [임대])
  (2006 알 아흘리 (사우디아라비아) [임대])
- 2007 인천 유나이티드 (대한민국)
- 2008~ FC 서울 (대한민국)

(국가대표 커리어)
- 2008~ 몬테네그로 국가대표

국내 축구 리그 역사 30년. 그동안 K리그에는 개성 넘치고 매력 있는 수준급의 외국인 선수들이 다수 거쳐 갔다. '통곡의 벽' 마토 네레틀랴크나 국내에서의 활약 이후 샬케 04를 유럽 챔피언스리그 4강까지 올려놓은 공을 세운 에두, K리그 역사상 최고의 커리어를 지니고 있던 브라질 선수 두두, 모따와 그리스 리그를 '씹어 먹고(?)' 닥공 축구 전북 현대에 입성한 또 다른 브라질 신예 레오나르도 등이 그들이다.

K리그에서 활약했던 혹은 활약하고 있는 여러 외국인 선수들에 대한 이야기를 할 때, 빼놓지 않고 등장하는 토픽이 있다. 바로 '역대 K리그에서 활약한 외국인 공격수들 중 가장 빼어난 활약을 보여준 선수는 누구냐?'는 질문이다. 그 후보들은 대략 3명 정도로 압축된다. 바로 라데와 샤샤, 데얀이다.

K리그 올드 팬의 향수를 자극하는, K리그 최고의 스타 중 한 명인 라데는 자국 리그에서의 데뷔 이후 1992년부터 1996년까지 포항 스틸러스의 전신인 '포항 아톰스'에서 활약한 선수이다. 빠른 스피드와 뛰어난 볼 키핑, 거기다 육중한 체격에서 나오는 강인한 피지컬까지 라데는 당대 K리그를 제패할 만한 공격수로서의 자질을 모두 갖추고 있었다. 라데의 활약과 함께 포항 아톰스는 팀의 황금기를 맞이하며 최고의 나날을 보냈다. 당시 라데의 활약을 지켜본 K리그 올드 팬들은 라데를 역대 최고의 외국인 공격수로 평가하고 있다.

시간이 흐른 지금에도 라데의 영향력은 살아 있다. 대표적으로 성남 일화 천마가 2012년 세르비아의 공격수인 블라드미르 요반치치를 영입했을 때 그가 '라데의 조카'라는 사실이 알려져 화제를 불러 모은 적이 있을 정도이니 말이다.[10]

국내 축구 최고의 공격수를 얘기함에 있어 샤샤 드라큘리치의 이름을 빼놓는 것은 예의가 아니다. 부산 대우 로얄즈에서 데뷔해 수원 삼성 블루윙즈, 그리고 성남 일화 천마를 거치며 무려 8년에 가까운 시간 동안 국내 리그의 세 팀에서 활약했던 샤샤는 가는 팀마다 우승 트로피를 들어 올리는데 결정적 기여를 하면서 '우승 청부사', '트로피 수집가'라는 명예로운 별명을 얻기도 했다. 국내 무대 활약 시절, 그의 놀라운 결정력과 돌파력은 팬들에게 강한 인상을 안겨

---

10) 그러나 요반치치는 국내 축구 팬들에게도 잘 알려졌다시피, 성남 일화에서 폭망(?)한 채 1년도 채 지나지 않아 중국 리그로 방출됐다.

주었다. 그리고, 최고의 논란거리였던 샤샤의 '신의 손' 사건은 그가 국내 무대를 떠난 이후에도 국내 축구 팬들 사이에서 회자되고 있다.

라데와 샤샤가 올드 팬들에게 강한 향수를 불러일으키는 선수들이라면, FC 서울의 공격수 데얀은 바로 지금 K리그의 역사를 새로 써가고 있는 중인 선수이다. 데얀은 FC서울의 팬들에게 최고의 영웅으로 떠오르며 매 경기 K리그의 기록을 새롭게 갈아치우고 있다. 2012시즌에만 '최단기간 100골 달성', '외국인 선수 최다 골' 기록 등을 경신, 자신이 역대 최고의 공격수임을 증명해 보였다.

재밌게도 세 선수가 활약했던 시기가 조금씩 시대별로 차이를 보이고 있기 때문에, 각 선수가 최고라고 주장하는 팬들의 세대도 조금씩 차이를 보이고 있다. 때문에 누가 더 최고의 공격수인지에 대한 논쟁이 펼쳐지는 것은 각 세대를 대표하는 K리그 팬들의 의견 대립의 의미를 담고 있기도 하다.

지금까지 K리그 최고의 외국인 공격수로는 라데와 샤샤, 그리고 데얀이 대표적으로 꼽힐지는 모르겠지만, 또 다른 영웅의 탄생은 얼마든지 계속될 수 있다. 이 세 선수가 순서대로 서로가 활약하던 시대를 빛냈던 것처럼, 앞으로도 K리그를 대표할 또 다른 외국인 선수의 출현을 기대해본다.

12. 호나우두 vs 안드리 셰브첸코 (Ronaldo vs Andriy Shevchenko)

☻ 호나우두 루이스 나자리우 지 리마

(Ronaldo Luiz Nazario De Lima / 1976.9.22. / 브라질 / FW)

(클럽 커리어)
- 1993~1994 크루제이루 EC (브라질)
- 1994~1996 PSV 아인트호벤 (네덜란드)
- 1996~1997 FC 바르셀로나 (스페인)
- 1997~2002 FC 인터 밀란 (이탈리아)
- 2002~2007 레알 마드리드 (스페인)
- 2007~2008 AC 밀란 (이탈리아)
- 2008~2011 SC 코린티안스 (브라질)

(국가대표 커리어)
- 1994~2011 브라질 국가대표

☻ 안드리 미콜라요비치 셰브첸코

(Andriy Mykolayovych Shevchenko / 1976.9.29. / 우크라이나 / FW)

(클럽 커리어)

- 1994~1999 FC 디나모 키예프 (우크라이나)
- 1999~2006 AC 밀란 (이탈리아)
- 2006~2009 첼시 FC (잉글랜드)
  (2008~2009 AC 밀란 (이탈리아) [임대])
- 2009~2012 FC 디나모 키예프 (우크라이나)

(국가대표 커리어)
- 1994~1995 우크라이나 U-18 국가대표
- 1994~1995 우크라이나 U-21 국가대표
- 1995~2012 우크라이나 국가대표

이번엔 호나우두와 안드리 세브첸코 간의 라이벌 관계를 소개하고자 한다. 1997년 AC 밀란에 입단해 최고의 활약을 선보이며 '무결점 스트라이커'라는 별명을 얻은 세브첸코는 당시 최고의 스트라이커였던 호나우두와 자주 비교되곤 했다.

두 선수가 나란히 전성기를 맞던 시절에는 제대로 된 평가가 불가능했다. 두 선수 모두 골을 넣는 감각을 비롯한 공격수로서의 플레이가 가히 환상적이었기 때문이다. 전 세계 축구팬들의 응원과 환호를 받을 자격도 충분했다. 그러나 호나우두는 잦은 부상으로 인해 조금씩 내려앉는 모습을 보여 왔고, '하얀 호나우두'라 불리던 세브첸코 역시 2006년 6월 첼시로 이적한 이후 급속도로 기량이 저하되기 시작했다. 두 선수가 더 오랫동안 맞대결 구도를 펼쳐오길 기대했지만, 아쉽게도 두 선수의 전성기는 생각보다 오래가진 못했다.

보유 능력을 비롯해 경력까지 대등한 모습을 보여 왔던 두 선수는 월드컵과의 인연에서 희비가 엇갈린 것으로도 유명하다. 이는 호나우두의 모국 브라질과 세브첸코의 모국 우크라이나의 전력 차이 때문인데, 호나우두는 자신을 비롯한 여러 스타 플레이어들과 함께 월드컵 본선 무대에서 뛰며 매 대회마다 득점포를 가동했지만, 세브첸코는 우크라이나 팀 자체의 전력이 약했기 때문에 매번 본선 무대조차 밟기 힘든 처지였다. 그러나 세브첸코의 '눈물 나는' 활약으로 드디어 우크라이나도 2006 독일 월드컵에서 본선 무대 진출을 확정지었다. 당대 최고의 골잡이였던[11] 두 선수가 동시에 월드컵에 진출한 만큼 호나우두와 세브첸코의 득점 소식에 대한 기대는 높아질 수밖에 없었다. 이 대회에서 브라질과 우크라이나는 모두 본선 8강까지 진출했으나 각각 프랑스와 이탈리아에게 무릎을 꿇으며 더 이상의 경기는 치를 수 없었다. 대회 기간 동안 브라질의 호나우두는 3골, 우크라이나의 안드리 세브첸코는 2골을 기록했다.

13. 티에리 앙리 vs 루드 반 니스텔루이

(Thierry Henry vs Ruud van Nistelrooy)

---

11) 물론 두 선수 모두 전성기 때에 비하면 하락세였다

티에리 다니엘 앙리

(Thierry Daniel Henry / 1977.8.17. / 프랑스 / FW)

(클럽 커리어)
- 1994~1998 AS 모나코 FC (프랑스)
- 1998~1999 유벤투스 FC (이탈리아)
- 1999~2007 아스날 FC (잉글랜드)
- 2007~2010 FC 바르셀로나 (스페인)
- 2010~ 뉴욕 레드불스 (미국)
 (2012 아스날 FC (잉글랜드) [임대])

(국가대표 커리어)
- 1997~2010 프랑스 국가대표

루드 반 니스텔루이

(Ruud van Nistelrooy / 1976.7.1. / 네덜란드 / FW)

(클럽 커리어)
- 1993~1997 FC 덴 보쉬 (네덜란드)
- 1997~1998 SC 헤렌벤 (네덜란드)
- 1998~2001 PSV 아인트호벤 (네덜란드)
- 2001~2006 맨체스터 유나이티드 FC (잉글랜드)
- 2006~2010 레알 마드리드 (스페인)
- 2010~2011 함부르크 SV (독일)
- 2011~2012 말라가 CF (스페인)

(국가대표 커리어)

• 1998~2011 네덜란드 국가대표

맨유와 아스날의 팀 간 라이벌 관계 속에는 선수들 간의 라이벌 관계 역시 존재했다. 양 팀의 간판 골잡이였던 티에리 앙리와 루드 반 니스텔 루이가 그들이다. 두 선수는 아스날과 맨유로 각각 이적한 이후, 양 팀 간의 맞대결에서 뿐 아니라 리그 전체를 치르면서도 꾸준히 득점포를 가동하며 리그 득점왕 등극 경쟁에서 라이벌 구도를 형성해왔다. 이들의 대결은 곧 'EPL 최고의 골잡이'를 가리는 대결이었다.

먼저 EPL 무대에 모습을 드러낸 것은 1999년 아스날에 입단한 티에리 앙리였다. 당시 앙리 입단의 배경에는 모나코 유스 시절부터 그를 지켜본 벵거와의 친분관계가 작용했던 터라, 아스날의 팬들은 이전 유벤투스에서 기대 이하의 활약을 보여주던 앙리의 실력에 대해 미심쩍은 반응을 보였다. 그러나 앙리는 아스날 입단 후 최전방 공격수로 뛰며 최고의 활약을 펼쳐 보였고 이는 곧 벵거의 선택이 틀린 것이 아니었음을 증명하는 것이었다. 앙리가 리그 최고의 공격수로 성장하는 것을 배 아프게 바라보던 맨체스터 유나이티드 또한 승부수를 던지게 된다. 네덜란드의 골잡이 반 니스텔 루이를 영입한 것이다. 두 선수 간의 경쟁구도는 이때부터 시작됐고, 이후 두 선수 모두 많은 골들을 뽑아내며 치열한 경쟁을 이어갔다. 특히 두 선수가 한 경기에서 맞대결을 가질 때는 '누가 최고 골잡이냐?'는 논쟁이 불붙어 두 팀 간의 라이벌 의식을 격화시켰다.

티에리 앙리와 반 니스텔루이는 통산 득점 기록을 살펴보

아도 어느 한 쪽의 우위를 쉽게 평하기 어려울 정도로 치열한 경쟁을 펼쳐왔다. 두 선수 중 최고의 골잡이로 평가받을 수 있는 선수는 과연 누구일까? 판단은 독자 여러분들에게 맡긴다.

14. 김병지 vs 이운재 (Kim Byung-Ji vs Lee Woon-Jae)

사진 출처 : http://ktalkblog.files.wordpress.com
사진 제공 : 수원 삼성 블루윙즈

- 김병지 (Kim Byung-Ji / 1970.4.8. / 대한민국 / GK)

  (클럽 커리어)
  (1990~1991 상무 (대한민국) [군복무])
  - 1992~2000 울산 현대 호랑이 (대한민국)
  - 2000~2005 포항 스틸러스 (대한민국)
  - 2006~2008 FC 서울 (대한민국)
  - 2009~2012 경남 FC (대한민국)
  - 2013~ 전남 드래곤즈 (대한민국)

  (국가대표 커리어)
  - 1995~2008 대한민국

◦ **이운재** (Lee Woon-Jae / 1973.4.26. / 대한민국 / GK)

(클럽 커리어)
- 1996~2010 수원 삼성 블루윙즈 (대한민국)
  (2000~2001 상무 (대한민국) [군복무])
- 2011~2012 전남 드래곤즈 (대한민국)

(국가대표 커리어)
- 1992~1996 대한민국 U-23 국가대표
- 1993~2010 대한민국 국가대표

김병지와 이운재. 두 선수는 오랫동안 한국 축구의 골문을 지켜왔던 수문장들이다. 두 선수가 국가대표의 No.1 골키퍼 자리를 놓고 펼쳐 온 주전 경쟁은 90년대 후반부터 시작되어 근 20년 가까이 이어졌다.

사실 98 월드컵 때만 해도 주전 경쟁에서 우위를 점하고 있던 선수는 김병지였다. 김병지는 프랑스 월드컵 조별예선 3경기 모두 풀타임 출전했고, 비록 많은 골을 허용하긴 했지만 그보다 더 많은 슈퍼세이브를 기록하며 자신의 존재감을 증명했다. 그러했던 두 선수의 상황이 역전된 무대는 바로 2002 한일 월드컵이었다. 스페인과의 승부차기 중 호아킨의 킥을 막아내며 카메라를 향해 웃음을 짓던 이운재의 모습에서도 알 수 있듯이 당시 한일 월드컵 대표 팀의 주전 골키퍼는 이운재였다.

사실 한일 월드컵이 개막하기 직전까지만 해도 대표팀의 주전 골키퍼 자리는 김병지의 차지였다. 경험 면에서 김병지가 앞서 있던 상태였기에 월드컵 대표팀에서도 김병지가 주전 골키퍼 장갑을 차지할 것이란 의견이 지배적이었다. 그러나 김병지는 경기 중 종종 골문을 내버려둔 채 앞으로 전진하는 경우가 많았고, 여기서 범한 몇 번의 실수가 히딩크 감독에게 지적되면서 주전 자리를 이운재에게 넘겨주고 말았다.

그렇게 주전 골키퍼로 출전하게 된 이운재는 월드컵에서 최고의 활약을 보여주었다. 반면 김병지는 이운재의 활약을 멀리서 지켜보며 벤치에만 머물러 있어야 했다. 이후 이운재는 대표 팀의 붙박이 주전으로 자리매김했고, 김병지는 단 한 번의 실수로 빼앗긴 주전 자리를 되찾아오기 위해 노력했으나 약 10여년의 세월 동안 벤치만 지키는 신세로 전락했다.

그러나 사실 김병지의 실력은 이운재에게 전혀 뒤지지 않았다. 오히려 김병지가 더 많은 나이에도 꾸준한 자기관리를 통해 자신의 기량을 유지할 정도였다.

국가대표 뿐만 아닌 K리그에서도 최고의 골키퍼 자리를 다퉜던 두 선수는 2004년 챔피언 결정전 승부차기에서 명장면을 선보이며 축구팬들에게 강렬한 인상을 남겨주기도 했다. 특히 마지막 키커로 나선 김병지의 킥을 이운재가 막아내는 모습은 지금까지도 회자될 정도로 인상적인 장면이었다. 한국 축구의 오랜 골문을 지켜왔던 두 선수는 대한민국 골키퍼의 오랜 황금시대를 이끌어온 것만으로도 한국 축구 역사에 전설로 남을 자격이 충분하다.

15. 스티븐 제라드 vs 프랭크 램파드
(Steven Gerrard vs Frank Lampard)

⚽ 스티븐 조지 제라드
(Steven George Gerrard / 1980.5.30. / 영국 / MF)

(클럽 커리어)
- 1998~ 리버풀 FC (잉글랜드)

(국가대표 커리어)
- 1999 잉글랜드 U-21 국가대표
- 2000~ 잉글랜드 국가대표

⚽ 프랭크 제임스 램파드
(Frank James Lampard / 1978.6.20. / 영국 / MF)

(클럽 커리어)
- 1994~2001 웨스트 햄 유나이티드 FC (잉글랜드)
  (1995~1996 스완지 시티 (잉글랜드) [임대])
- 2001~ 첼시 FC (잉글랜드)

〈국가대표 커리어〉
- 1997~2000 잉글랜드 U-21 국가대표
- 1998 잉글랜드 B팀 국가대표
- 1999~ 잉글랜드 국가대표

 극명하게 갈라지는 붉은색과 푸른색의 팀 컬러. 각 팀을 상징하는 최고의 레전드들이 같은 포지션에서 선보이는 불꽃 튀는 맞대결. 각각 리버풀과 첼시의 '살아있는 레전드'로서 활약하고 있는 스티븐 제라드와 프랭크 램파드의 대결 구도를 설명하는 표현들이다. 리버풀에서의 제라드가 가지는 존재감은 대단하다. 리버풀의 경기를 챙겨보는 열성적인 '콥(cop)[12]'들에게 제라드가 빠진 리버풀 경기는 상상조차 힘들만큼 그의 존재감은 압도적이다. 제라드의 공격적인 재능과 패스 능력, 중원 장악력과 캡틴으로서의 리더십은 리버풀의 '심장'과도 같다고 할 수 있다.

 반면 첼시의 핵심선수로서 활약하고 있던 램파드는 어느 시점부터 폼이 조금씩 저하되기 시작하더니, 2012/13 시즌 초반에는 다소 부진한 모습을 보이며 선발 명단에서 제외되는 굴욕을 맛보기도 했다. 그러나 램파드는 팀이 위기 상황에 빠지게 되자 기다렸다는 듯이 부활하며 팀을 살려내었다.

 제라드와 램파드의 스페셜 영상에서 빼놓을 수 없는 것이 바로 가공할 만한 중거리 슛 장면이다. 보는 사람의 마음을 시원하게 할 정도의 중거리슛은 제라드와 램파드의 트레이

---

[12] 리버풀 FC의 팬들.

드마크라고도 할 수 있다. 그들은 팀이 어려움에 처해 있을 때마다 팀을 구원하는 구세주의 역할을 담당했다.

램파드와 제라드라는 세계 최고의 중앙 미드필더를 두 선수나 보유한 잉글랜드는, 그렇다면 과연 최고의 자리로 올라설 수 있었을까? 아쉽지만 대답은 'No'이다. 제라드와 램파드라는 수준급의 중앙 미드필더를 보유하고 있었음에도 불구하고 잉글랜드는 두 선수를 효과적으로 활용할 수 있는 방안을 마련하지 못하는 바람에 언제나 기대 이하의 성적을 거두었다. 결국 '제라드와 램파드의 공존 문제'는 잉글랜드 대표팀의 가장 큰 화두가 되었다. 여러 축구 전문가들이 제라드와 램파드의 다양한 활용방안을 제시했고 그에 맞춰 잉글랜드의 코칭스태프도 많은 전술적인 변화를 시도해 봤지만, 아쉽게도 두 선수의 공존은 끝내 이루어지지 못했다.

이는 두 선수의 흡사한 플레이 스타일 때문인데, 실제로 둘 중 한 선수를 공격 쪽에, 나머지 한 선수를 수비 쪽에 치중하도록 역할을 주문했음에도 불구하고, 두 선수는 언제나 비슷한 경로를 움직이며 여러 번의 실수를 연출했다. 결국 잉글랜드는 둘 중 한 명을 선발 라인업에서 제외하는 방안을 택했고, 이 때문에 국가대표의 한 자리를 놓고 치열한 주전 싸움을 펼쳐야 했다.

붉은 심장과 푸른 심장. 첼시와 리버풀을, 그리고 잉글랜드를 대표하는 이 두 미드필더는 어느덧 황혼기에 접어들어 축구 인생의 끝자락을 향해 함께 내달리고 있다. 두 선수 모두 멋진 활약을 이어 온 '레전드'들이기 때문에, 누가 더 우위랄 것 없이 각 팬들에게 박수 받을 자격은 충분하다.

16. 리오넬 메시 vs 크리스티아누 호날두
(Lionel Messi vs Cristiano Ronaldo)

⚽ 리오넬 안드레스 메시

(Lionel Andrés Messi / 1987.6.24. / 아르헨티나 / FW)

(클럽 커리어)
- 2004~ FC 바르셀로나 (스페인)

(국가대표 커리어)
- 2005 아르헨티나 U-20 국가대표
- 2008 아르헨티나 U-23 국가대표
- 2005~ 아르헨티나 국가대표

⚽ 크리스티아누 호날두 두스 산투스 아베이루

(Cristiano Ronaldo dos Santos Aveiro / 1985.2.5. / 포르투갈 / FW)

(클럽 커리어)
- 2002~2003 스포르팅 리스본 (포르투갈)
- 2003~2009 맨체스터 유나이티드 FC (잉글랜드)

- 2009~ 레알 마드리드 CF (스페인)

(국가대표 커리어)
- 2001~2002 포르투갈 U-17 국가대표
- 2003 포르투갈 U-20 국가대표
- 2002~2003 포르투갈 U-21 국가대표
- 2004 포르투갈 U-23 국가대표
- 2003~ 포르투갈 국가대표

동시대를 살고 있다는 게 무엇보다도 안타까운 두 선수이다. 우리는 지금까지 각 시대를 대표한 '펠레 vs 마라도나', '크루이프 vs 베켄바우어', '호나우두 vs 지단' 등 시대별 최고의 선수들로 구성된 라이벌 관계를 알아보았다. 하지만 지금부터 소개할 리오넬 메시와 크리스티아누 호날두의 라이벌 관계만큼 뜨겁고 격렬한 논쟁이 발생한 경우는 없었다.

호날두와 메시, 그들은 전례가 없던 전무후무한 기록들을 연이어 갱신하고 있다. 리오넬 메시가 4회 연속 발롱도르 수상자가 되는 동안, 크리스티아누 호날두 역시 '누 캄프 원정 6경기 연속골' 및 '엘 클라시코 6경기 연속골' 등 놀라운 기록들을 세워가며 치열하게 경쟁하고 있다. 초인적인 득점력을 자랑하는 메시와 호날두는 이미 역대 최고의 선수이다. 특히 1점대를 넘어가는 경기당 평균 골의 수치는 두 선수의 '비범함'을 증명하는 기록이 아닐 수 없다.

충격과 공포의 호날두 패션

두 선수 모두 불세출의 축구 천재들이지만 과연 더 뛰어난 선수는 누구일까? 필자 개인의 의견상 분명하게 우위를 가릴 수 있는 분야는, 바로 '비주얼'과 '패션 센스'라고 생각하는데, 큰 키와 시원시원한 외모를 자랑하는 호날두에게는 비주얼적 측면에서, 패션 센스에서는 메시의 손을 들어주고 싶다.

두 선수를 둘러싼 국내 네티즌들의 '키보드 배틀'도 치열하다. 두 선수와 관련된 이야기만 나오면 해당 기사의 댓글란은 누가 더 최고냐는 논쟁으로 채워진다. 각 팬들은 서로에 대한 장단점의 분석하며, 심하면 팬들끼리의 인신공격까지 서슴지 않는다.

호날두와 메시, 두 선수는 상대 수비를 교란시킬 수 있는 재능과 '철강왕'이라고 불리는 튼튼한 체력, 철저한 자기 관리, 그리고 항상 최고이기 위해 열심히 노력하는 노력파라는 여러 가지 공통점을 가지고 있다. 그러나 극명히 갈라지는 신체 조건과 그로 인한 플레이 스타일에는 분명한 차이점이 있다.

최상의 클래스에 놓여있는 두 선수는 단연 독보적인 모습을 보이고 있고 그래서 더 우위를 가리고 싶은 라이벌이다. 축구를 좋아하는 모두를 매료시킬 만큼 환상적인 플레이를 선사하는 두 선수는 현대 축구를 주도하는 최상의 아이콘들임이 분명해 보인다.

17. 사미르 나스리 vs 윌리엄 갈라스

(Samir Nasri vs William Gallas)

◦ **사미르 나스리** (Samir Nasri / 1987.6.26. / 프랑스 / MF)

(클럽 커리어)
- 2004~2008 올랭피크 드 마르세유 (프랑스)
- 2008~2011 아스날 FC (잉글랜드)
- 2011~ 맨체스터 시티 FC (잉글랜드)

(국가대표 커리어)
- 2002~2003 프랑스 U-16 국가대표
- 2003~2004 프랑스 U-17 국가대표
- 2004~2005 프랑스 U-18 국가대표
- 2005~2006 프랑스 U-19 국가대표
- 2006~2007 프랑스 U-21 국가대표
- 2007~ 프랑스 국가대표

◦ **윌리엄 에리크 갈라스**(William Éric Gallas / 1977.8.17. / 프랑스 / DF)

(클럽 커리어)

- 1995~1997 SM 캉 (프랑스)
- 1997~2001 올랭피크 드 마르세유 (프랑스)
- 2001~2006 첼시 FC (프랑스)
- 2006~2010 아스날 FC (프랑스)
- 2010~ 토트넘 핫스퍼 FC (프랑스)

(국가대표 커리어)
- 1997 프랑스 U-20 국가대표
- 1997~1998 프랑스 U-21 국가대표
- 2002~ 프랑스 국가대표

같은 프랑스 출신으로 국가대표와 아스날에서 호흡을 맞춰왔던 나스리와 갈라스는 유로 2008 본선 때 벌어진 한 사건을 계기로 사이가 틀어져 앙숙관계가 되었다.

2008년 여름, 아스날로의 이적을 확정지으며 같은 프랑스 선수인 윌리엄 갈라스와의 호흡을 내심 기대했던 사미르 나스리는, 시즌이 개막되기 전 유로 2008 대회에 프랑스 국가대표로 발탁되며 갈라스와 호흡을 맞출 수 있는 기회를 맞이했다. 그러나 팀 버스에 팀 내 최고 레전드인 티에리 앙리의 전용 좌석이 있었던 걸 몰랐던 나스리는 눈치 없이 그 자리를 차지해 팀원들의 눈살을 찌푸리게 만들었고, 갈라스가 이런 나스리를 발견하며 "그 자리에서 나와!"라고 소리쳤지만 나스리가 전혀 미동도 하지 않고 반항한 것이 원인이 되어 두 선수간의 사이가 틀어지게 되었다.

당시 나스리의 행동을 나쁜 의미로 해석한 갈라스는 언론을 통해 "우리 팀의 S 선수는 선배에 대한 예의도 지키지 않는 무례한 선수"라고 비난했다. 이후 나스리와 갈라스는 경기나 훈련 때마다 말도 주고받지 않았으며, 벵거 감독이 공개적으로 화해를 요구했음에도 불구하고, 관계는 호전될 기미가 보이질 않았다. 오히려 언론을 통한 입씨름은 시간이 지날수록 더 심화되었다. 언론이 마이크를 들이댈 때마다 두 선수의 거침없는 발언은 그대로 보도되었고, 서로를 "쓰레기 선수"라고 부르며 상대방을 공개적으로 비난했다. 훗날 나스리는 갈라스가 자서전을 출간했을 때 "갈라스의 자서전은 쓰레기 같은 책"이라 비난하며 갈라스가 살아온 그동안의 인생을 싸잡아서 모욕했다.

벵거 曰, "이 망할 놈들이..."

결국 둘 사이의 관계를 호전시키지 못한 채 아스날을 떠나게 된 갈라스는 느닷없이 라이벌 팀 토트넘 핫스퍼로의 이적을 결정했다. 역시 나스리는 라이벌 팀으로 이적한 갈라스의 배신을 좋게 볼 리 없었고, "프로 정신이 결여되어 있는 행동"이라며 '독 묻힌' 일침을 날렸다. 상황이 이렇게 되자 아스날과 토트넘 간의 '북런던 더비'에 많은 축구팬들의 시선이 집중되었는데 예상대로 나스리와 갈라스는 서로에 대한 악수를 거부했다. (그리고 또 한 사람 ↘)

18. 이동국 vs 데얀 다미아노비치

(Lee Dong-Gook vs Dejan Damjanović)

(사진 출처 : footballkorea / 사진 제공 : 쑥덕기덕(@theyo30))

⚽ **이동국** (Lee Dong-Gook / 1979.4.29. / 대한민국 / FW)

(클럽 커리어)

- 1998~2006 포항 스틸러스 (대한민국)

(2000~2001 SV 베르더 브레멘 (독일) [임대])

(2003~2005 광주 상무 (대한민국) [군복무])

- 2007~2008 미들즈브러 FC (잉글랜드)
- 2008 성남 일화 천마 (대한민국)
- 2009~ 전북 현대 모터스 (대한민국)

(국가대표 커리어)
- 1999 대한민국 U-20 국가대표
- 1999~2000 대한민국 U-23 국가대표
- 1998~ 대한민국 국가대표

※ **데얀 다미아노비치** (Dejan Damjanović / 1981.7.27. / 몬테네그로 / FW)

(클럽 커리어)
- 1996~1999 FK 신델리치 (세르비아)
- 2000~2003 FK 젤레즈니크 (세르비아)
  (2001~2002 FK 라스타 (세르비아) [임대])
  (2002~2003 FK 스렘 (세르비아) [임대])
- 2003~2006 FK 베자니아 (세르비아)
  (2004~2005 FK 라드니츠키 (세르비아) [임대])
  (2006 알 아흘리 (사우디아라비아) [임대])
- 2007 인천 유나이티드 (대한민국)
- 2008~ FC 서울 (대한민국)

(국가대표 커리어)
- 2008~ 몬테네그로 국가대표

오랫동안 K리그에서 활약해왔던 베테랑 선수 이동국과 K리그 역대 최고의 외국인 선수로 평가받고 있는 데얀 다미아노비치의 득점왕 대결이 점점 치열해지고 있다. 최근 4시즌의 득점왕 순위에서 사이좋게 1위를 나눠가졌던 두 선수는 의심의 여지없는 K리그 최고의 골잡이들이다.

두 선수가 가지고 있는 기록은 참으로 명예롭다. 이동국은 2012년 3월3일 벌어졌던 성남 일화와의 2012 K리그 개막전 경기를 통해 두 골을 기록하며 K리그 개인통산 최다 골 기록을 경신했고, 데얀은 같은 시즌에 외국인 선수 최다 골 기록과 역대 최단기간 100골 기록을 경신했다. 뿐만 아니라 두 선수는 K리그 개인통산 최다 골 순위 1, 2위의 선수들이다.

K리그를 더욱 흥미진진하게 만들어주는 요소는 라이벌 구도에 있다. 여기에는 팀들 간의 라이벌, 선수 간의 라이벌, 감독 간의 라이벌 등 다양한 라이벌 관계가 포함되어 있지만, 이 중에서도 가장 많은 관심과 흥미를 불러 모으는 최고 골잡이들 간의 라이벌 관계이다. 그리고 그 중심에 바로 이동국과 데얀 다미아노비치가 있다.

19. 파트리스 에브라 vs 루이스 수아레즈

(Patrice Evra vs Luis Suarez)

◦ **파트리스 에브라** (Patrice Evra / 1981.5.15. / 프랑스 / DF)

(클럽 커리어)
- 1998~1999 SC 마르살라 1912 (이탈리아)
- 1999~2000 AC 몬차 브리안차 1912 (이탈리아)
- 2000~2002 OGC 니스 (프랑스)
- 2002~2006 AS 모나코 FC (프랑스)
- 2006~ 맨체스터 유나이티드 FC (잉글랜드)

(국가대표 커리어)
- 2002~2003 프랑스 U-21 국가대표
- 2004~ 프랑스 국가대표

◦ **루이스 알베르토 수아레즈 디아즈**

(Luis Alberto Suarez Diaz / 1987.1.24. / 우루과이 / FW)

(클럽 커리어)
- 2005~2006 클럽 나시오날 (우루과이)
- 2006~2007 FC 흐로닝언 (네덜란드)
- 2007~2011 AFC 아약스 (네덜란드)
- 2011~ 리버풀 FC (잉글랜드)

(국가대표 커리어)
- 2007~ 우루과이 국가대표

최근 노스웨스트 더비(레즈 더비)에서 가장 뜨거운 화두로 떠오르고 있는 건 바로 파트리스 에브라와 루이스 수아레즈이다. 두 선수 간의 갈등은 2011/12 시즌 있었던 노스웨스트 더비에서 수아레즈가 에브라에게 퍼부은 인종차별 발언 때문에 시작되었는데, 이후 '악수 거부 사태'로 서로에 대한 감정이 더욱 격화되었다. 앞으로 있을 노스웨스트 더비에서 갑자기 팬들의 집중적인 야유소리가 장내에 들려온다면 에브라 혹은 수아레즈가 볼을 잡았다고 생각하면 된다.

에브라와 수아레즈에 대한 자세한 이야기는 앞선 Chapter 1의 '노스웨스트 더비' 항목에서 자세히 다뤘으므로 생략하기로 한다.

20. 존 테리 vs 웨인 브릿지 (John Terry vs Wayne Bridge)

- 존 조지 테리(John George Terry / 1980.12.7. / 잉글랜드 / DF)

  (클럽 커리어)
  - 1998~ 첼시 FC (잉글랜드)
  (2000 노팅엄 포레스트 FC (잉글랜드) [임대])

  (국가대표 커리어)
  - 2000~2002 잉글랜드 U-21 국가대표
  - 2003~2012 잉글랜드 국가대표

☆ 웨인 마이클 브릿지

(Wayne Michael Bridge / 1980.8.5. / 잉글랜드 / DF)

(클럽 커리어)
- 1998~2003 사우스햄튼 FC (잉글랜드)
- 2003~2009 첼시 FC (잉글랜드)

(2006 풀럼 FC (잉글랜드) [임대])
- 2009~ 맨체스터 시티 FC (잉글랜드)

(2011 웨스트 햄 유나이티드 (잉글랜드) [임대])

(2012 선더랜드 AFC (잉글랜드) [임대])

(2012~ 브라이튼 & 호브 알비온 (잉글랜드) [임대])

(국가대표 커리어)
- 1998~1999 잉글랜드 U-18 국가대표
- 1999~2001 잉글랜드 U-21 국가대표
- 2002~2009 잉글랜드 국가대표

'막장드라마'가 따로 없다. 축구판에서 불륜이 섞인 오묘한 삼각관계를 봐야한다니 뒤숭숭한 기분이다. 오래 전부터 첼시와 국가대표에서 한솥밥을 먹으며 절친 사이로 유명했던 테리와 브릿지는 어떤 사건으로 인해 오랜 우정을 접고 앙숙관계를 형성했다. 브릿지에게는 도저히 용서할 수 없는 앙숙이 되어버린 존 테리. 과연 둘 사이에 어떤 일이 있었던 것일까?

사실 테리와 브릿지는 오랜 우정을 과시하던 '절친'이었다. 서로를 배려했고, 자신들의 돈독한 우정을 과시했다.

첼시에서 무려 5년 간 한솥밥을 먹었을 때에도 테리와 브릿지가 훈련장이나 시내에서 같이 있는 모습이 자주 포착되었으며, 이는 잉글랜드 국가대표에 함께 발탁되었을 때도 마찬가지였다.

그러나 테리와 브릿지의 돈독한 우정을 단번에 깨뜨렸던 것은 바로 테리의 도를 넘은 여성편력 때문이었다. 테리가 브릿지의 여자 친구와 불륜 관계를 몰래 이어가고 있었던 것이다. 하지만 꼬리가 길면 잡히는 법, 2010년 1월, 존 테리가 웨인 브릿지의 여자 친구와 오랫동안 불륜을 저질렀다는 사실이 언론을 통해 알려졌고, 브릿지는 자신이 여자 친구와 결별하게 된 원인도 모두 존 테리가 원인이었다는 사실을 알게 되었다. 첼시와 잉글랜드의 주장이자 상징이었던 존 테리가 팀 동료의 여자 친구와 불륜을 저질렀다는 소식은, 브릿지 뿐만 아니라 그를 믿어왔던 모든 팬들에게 큰 충격을 안겼다.

이 사건이 알려진 이후, 앞으로의 행보가 주목되었던 선수는 바로 웨인 브릿지였다. 오랜 절친이자 동료 그리고 팀의 주장에게 자신이 사랑하던 여자 친구를 빼앗겼으니 그 충격은 말하지 않아도 알만했다. 브릿지는 이 사건 이후 "더 이상 저딴 XX를 믿고 경기에 뛸 수 없다"며 국가대표 은퇴를 선언했는데 이것은 2010 남아공 월드컵을 앞두고 수준급 수비수를 잃게 된 잉글랜드 대표팀에게도 좋지 않은 소식이었다.

브릿지가 속해 있던 맨체스터 시티와 존 테리가 뛰는 첼시의 맞대결 역시 많은 이들의 시선을 끌게 되었다.[13] 두 절친이 테리의 불륜으로 인해 관계가 틀어지고 앙숙으로 남게 된 이후, 공식적인 자리에서 처음으로 대면하게 되는 상황이었기 때문에 팬들의 관심과 이목은 집중될 수밖에 없었다. 그리고 2010년 2월, 드디어 맨시티와 첼시의 경기가 스탬포드 브릿지에서 열리게 되었다.

우려했던 터널에서의 충돌은 일어나지 않았지만, 경기 시작 전 악수 교환 시간 때 브릿지는 테리의 악수 제의를 무시한 채 지나쳐버렸다(그로부터 며칠 뒤, 테리는 잉글랜드의 주장직을 박탈당했다).

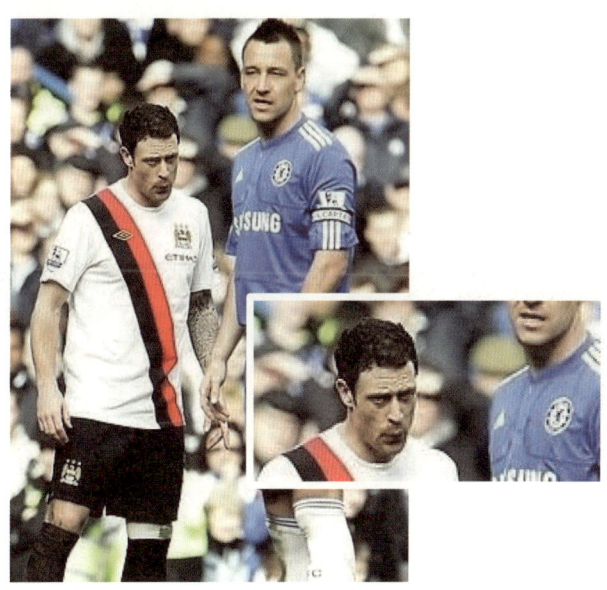

존 테리는 무사히 살아남은 것만으로도 다행으로 여겨야하지 않을까.

---

13) 브릿지는 2009년 겨울, 첼시에서 맨시티로 이적

경기는 예상대로 테리와 브릿지 간의 묘한 긴장감이 흐른 채 진행됐다. 특히 볼이 나간 이후 브릿지가 테리를 째려보던 장면은 둘 사이의 틀어진 관계를 증명했다. 우려했던 난투극은 없었지만, 이 날 경기 이후 공개된 여러 장의 사진들만으로도 두 선수간의 긴장감을 느끼기에는 충분했다.

이 사건으로 인해 잉글랜드의 주장 완장을 박탈당했던 테리가 얼마 지나기 않아 다시 주장 완장을 차게 되면서 이는 잉글랜드 전역에서 논란이 되었다. 그러나 또 얼마 지나지 않아 존 테리가 안톤 퍼디난드와의 인종차별사건에 휘말리게 되면서 다시 주장 완장을 박탈당하고 결국 그는 국가대표 은퇴를 선언하게 된다.

21. 존 테리 vs 안톤 퍼디난드

(John Terry vs Anton Ferdinand)

※ **존 조지 테리** (John George Terry / 1980.12.7. / 잉글랜드 / DF)

(클럽 커리어)
- 1998~ 첼시 FC (잉글랜드)

(2000 노팅엄 포레스트 FC (잉글랜드) [임대])

(국가대표 커리어)
- 2000~2002 잉글랜드 U-21 국가대표
- 2003~2012 잉글랜드 국가대표

❖ 안톤 줄리언 퍼디난드

(Anton Ferdinand / 1985.2.18. / 잉글랜드 / DF)

(클럽 커리어)
- 2003~2008 웨스트 햄 유나이티드 (잉글랜드)
- 2008~2011 선더랜드 AFC (잉글랜드)
- 2011~2013 퀸즈 파크 레인저스 FC (잉글랜드)
- 2013~ 부르사스포르 (터키)

(국가대표 커리어)
- 2003 잉글랜드 U-18 국가대표
- 2005 잉글랜드 U-20 국가대표
- 2004~2007 잉글랜드 U-21 국가대표

참 '말도 많고 탈도 많은' 존 테리다. 동료 웨인 브릿지의 여자친구와 불륜을 저지르며 다소 낯 뜨거운 논란을 야기시켰던 존 테리는 이번엔 인종 차별 논란에 빠지게 되었는데 그 상대가 또 같은 영국 국적의 선수인 안톤 퍼디난드였다.

안톤 퍼디난드는 2011년 QPR 소속으로 '로프터스 로드 스타디움'에서 열린 첼시와의 맞대결에 출전했다. 그런데 안톤 퍼디난드가 경기 도중 존 테리로부터 인종 차별성 발언을 들었다고 주장했고, 이것이 언론을 통해 알려지면서 파장이 확대됐다. 첼시의 주장이자 잉글랜드 국가대표의 주장이었던 존 테리가, 같은 잉글랜드 선수인데다 자신의 국가대표 동료였던 리오 퍼디난드의 동생에게 이와 같은 행위를 저질렀다는 것은 오랫동안 테리를 믿고, 응원해왔던 잉글랜드와 첼시 팬들에게 큰 충격으로 다가왔다. 이 때문에 존 테리는 리오 퍼디난드와도 잠시 관계가 틀어질 뻔 했고, 1년 뒤 다시 로프터스 로드 스타디움에서 펼쳐진 QPR과 경기에서는 안톤 퍼디난드와 QPR의 주장 박지성에게 악수를 거부당하며 불명예스러운 굴욕을 맛보기도 했다.

하지만 존 테리에 대한 법원과 FA의 판결이 생각보다 가벼워 다시 논란거리가 됐다. 법원은 증거 불충분을 이유로 무죄를 선고했고, FA 역시 비슷한 인종차별성 발언으로 물의를 일으켰던 루이스 수아레즈보다 낮은 징계처분을 내렸다. 이는 테리가 자신의 잘못을 언론을 통해 시인하고, 안톤 퍼디난드에게 공개적으로 사과를 한 이후에 나왔던 판결이라 더욱 영국 국민들의 반감을 살 수밖에 없었다. 세간에서는 법원과 FA가 자국 선수인 영국인 선수의 죄질에 대해서는 가볍게 넘어가는 경향이 있다며 문제를 제기했고, 이 때문에 테리는 국가대표 은퇴를 선언했다. 그가 여태껏 첼시와 국가대표에서 이뤘던 업적에 비하면 다소 불명예스러운 퇴장이었다.

최근에는 논란이 잦아든 듯 보이지만, 아직까지 테리와 안톤 퍼디난드는 껄끄러운 관계를 유지해오고 있는 것으로 알려졌다. 테리의 진심 어린 화해와 노력이 있지 않는 이상 둘의 관계는 쉽게 호전되지 않을 것으로 보인다.

22. 존 테리 vs 라이언 긱스 (John Terry vs Ryan Giggs)

※ **존 조지 테리**(John George Terry / 1980.12.7. / 잉글랜드 / DF)

(클럽 커리어)
- 1998~ 첼시 FC (잉글랜드)

(2000 노팅엄 포레스트 FC (잉글랜드) [임대])

(국가대표 커리어)
- 2000~2002 잉글랜드 U-21 국가대표
- 2003~2012 잉글랜드 국가대표

※ **라이언 조셉 긱스**(Ryan Joseph Giggs / 1973.11.29. / 웨일스 / MF)

(클럽 커리어)
- 1990~ 맨체스터 유나이티드 FC (잉글랜드)

(국가대표 커리어)
- 1991 웨일스 U-21 국가대표
- 1991~2007 웨일스 국가대표

선수 이름만 들어보면 정말 최고의 클래스를 자랑하는 두 레전드들 간의 맞대결이 떠오른다. 그러나 두 선수가 라이벌 관계로 얽히게 된 이유는 불명예스럽게도 '누가 더 불륜계의 최고봉일까?' 라는 참으로 망신스러운 주제 때문이다. 물론 혼자서 10명의 매춘부를 상대한 웨인 루니나 애슐리 콜 등의 경우도 있었지만, 평소 그라운드에서의 성실한 태도로 모범적인 이미지를 보여 왔던 존 테리나 라이언 긱스가 저지른 불륜은 팬들에게 더욱 충격적으로 다가올 수밖에 없었다. 불륜계의 양대 산맥, 그리고 맨유와 첼시를 대표하는 선수로서의 라이벌 관계에서 과연 어느 선수가 더 우위에 있을까?

존 테리와 라이언 긱스. 누가 뭐래도 첼시와 맨유를 대표하는 '레전드'들이다. 선수로서는 꾸준한 자기 관리를 통해 좋은 몸 상태를 유지해왔고, 팀에 없어서는 안될 핵심선수로서 그 입지를 다져왔다. 때문에 많은 선수들에게, 그리고 많은 팬들에게 꾸준히 롤 모델로 평가받던 최고의 모범생들이었다.

맨유와 첼시가 2000년대 초중반 이후부터 리그 우승을 놓고 경쟁하며 EPL 최고의 빅 매치를 만들어왔던 탓에 각 팀의 상징과도 같은 존재였던 두 선수 역시 자연스럽게 라이벌 관계를 형성하게 되었다. 축구팬들 역시도 이 두 슈퍼스타들의 신경전을 숨죽이며 지켜봤고 서로 간의 맞대결에서 두 선수가 어떤 활약을 펼쳐줄지 관심과 이목을 집중시켰다. 물론 이는 두 선수의 사생활을 배제시켰을 때의 이야기다.

국내에서도 적지 않은 관심과 존경을 받아오던 긱스의 스캔들은 바로 2011년 봄에 터져 나왔다. 긱스가 미녀의 영국 모델인 이모젠 토마스와, 그리고 자신의 제수인 나타샤와 부적절한 관계를 맺은 사실이 연이어 드러나면서 그동안 긱스를 믿고 응원했던 수많은 팬들에게 큰 충격을 안겨주게 된 것이다.

긱스는 제수인 나타샤가 동생과 결혼하기 전부터, 약 8년간 불륜을 저질렀고, 이후 나타샤가 동생과 결혼식을 올리자 또 다른 여자인 미모의 영국 모델 이모젠 토마스와 불륜에 빠지며 복잡한 여자관계를 유지해왔던 것이다. 이후 긱스가 나타샤의 어머니와도 불륜을 저질렀다는 보도가 언론을 통해 공개됐고, 나타샤가 긱스의 동생과 결혼을 2주가량 앞두고 있었을 시점까지 긱스의 아이를 임신하고 있었다는 사실마저 전해지면서 그동안 쌓아왔던 긱스의 명예로운 이미지는 한순간에 무너져 내리고 말았다. 이러한 긱스의 불륜 스캔들에 그나마 견줄 수 있었던 선수는 잉글랜드와 첼시의 주장이었던 존 테리가 유일했다.

긱스의 불륜 사실이 최초로 보도된 스코틀랜드의 '선데이 헤럴드'지.

가정적일 것만 같던 두 선수가 그라운드에서의 성실한 이미지를 뒤로하고 옳지 못한 불륜 생활을 해오고 있었다는 소식이 대중에게 알려진 것은 그들 본인들에게도 좋지 않은 영향을 끼쳤다. 존 테리와 웨인 브릿지의 오랜 우정이 끝나 버렸고, 긱스 역시 자신의 친동생에게 "망치로 죽여 버리겠다"는 협박까지 받으며 형제간의 우애가 완전히 단절되었으니 말이다. 모두의 존경을 받으며 전설로만 남아있을 것 같던 두 선수는 결국 나란히 나락의 길을 걷게 되었다. 이 두 선수의 사례는 어느 라이벌 관계보다도 더 분명한 교훈을 우리에게 안겨준다.

제3장
'누가 더 명장일까?'
라이벌 감독들

제3장 '누가 더 명장일까?' 라이벌 감독들

"경기의 99%는 선수가 만들고 1%는 감독이 만든다. 그러나 감독이 없으면 100%가 될 수 없다."

맨체스터 유나이티드의 전설적인 감독 알렉스 퍼거슨이 남긴 희대의 명언이다. 사실 감독 없이 완벽에 이를 수 있는 축구팀은 없다. 그렇기에, '야망'이 큰 클럽일수록 감독의 영향력과 능력은 중시될 수밖에 없다.

최근 축구계에서는 선수들 못지않게 매력 있고, 또 그만큼의 개성을 가지고 있는 '스타 감독'들이 출현하고 있다. 따라서 감독들 역시 매스컴의 주요한 타겟으로 자리 잡았고, 이들의 발언과 행동 하나하나가 화제에 오르게 되었다. 그러다보니 현대 축구에서는 팀들과 선수들 간의 라이벌 못지않게 감독들 간의 라이벌 관계도 중요도를 더해가고 있는 추세다. Chapter 3에서는 바로 이러한 감독들 간의 주요 라이벌 관계를 정리했다.

1. 알렉스 퍼거슨 vs 조세 무리뉴

(Alex Ferguson vs Jose Mourinho)

⚽ 알렉산더 채프먼 "알렉스" 퍼거슨 경

(Sir Alexander Chapman "Alex" Ferguson / 1941.12.31. / 스코틀랜드)

(감독 커리어)
- 1974 이스트 스터링셔 FC (스코틀랜드)
- 1974~1978 세인트 미렌 FC (스코틀랜드)
- 1978~1986 애버딘 FC (스코틀랜드)
- 1986~2013 맨체스터 유나이티드 FC (잉글랜드)

⚽ 조세 마리우 두스 산투스 펠리스 무리뉴

(José Mário dos Santos Félix Mourinho / 1963.1.26. / 포르투갈)

(감독 커리어)
- 2000 SL 벤피카 (포르투갈)
- 2001~2002 UD 레이리아 (포르투갈)
- 2002~2004 FC 포르투 (포르투갈)
- 2004~2007 첼시 FC (잉글랜드)

- 2008~2010 FC 인터 밀란 (이탈리아)
- 2010~2013 레알 마드리드 CF (스페인)
- 2013~ 첼시 FC (잉글랜드)

잉글랜드 리그의 최상위권이 '빅4' 클럽에 의해 정리되던 시절, 바로 그 빅4에 속했던 맨체스터 유나이티드와 리버풀, 첼시, 아스날은 잉글랜드 무대와 유럽 전역을 휩쓸며 당시 최강의 전성기를 이끌어가던 중이었다. 네팀들 간의 전력 역시 매우 엇비슷했기에 서로 간의 맞대결이 펼쳐질 때마다 진행되는 신경전 역시 치열했다. 그와 비슷하게, 이러한 '빅4'를 이끄는 감독들이었던 퍼거슨 감독과 무리뉴 감독, 벵거 감독과 베니테즈 감독의 자존심 싸움 역시 대단했다.

그 중에서도 가장 유명한 라이벌 관계는 맨유의 알렉스 퍼거슨과 첼시의 조세 무리뉴 사이에 형성된 그것이었다. 퍼거슨 감독은 맨체스터 유나이티드를 무려 27년 간 이끈 전설적인 감독이며, 무리뉴 감독 역시 가는 팀마다 자신만의 팀컬러와 전술적인 색깔을 도입해 최강의 클럽으로 성장시킨 유능한 감독이다.

퍼거슨 감독과 무리뉴 감독이 처음으로 맞대결을 가졌던 것은 바로 2003/04 챔피언스리그 16강전 무대를 통해서였다. 당시 무리뉴는 FC포르투의 감독을 맡고 있었는데 조별 예선 경기 동안 놀라운 경기력을 선보이며 모두를 놀라게 하고 있었다. 그러한 상황에서 무리뉴는 세계 최고의 감독인 퍼거슨 감독과 지략 대결을 펼치게 되었다. 그리고 그는 포르투와의 경기를 3-2 승리로 이끌며 8강 진출을 이루어냈다, 이 결과에 퍼거슨 감독과 맨체스터 유나이티드는 당황한 기색을 감추지 못했다.

이후 무리뉴 감독은 포르투에서의 공을 인정받아 신흥 강호로 떠오르고 있던 첼시의 신임 감독으로 자리를 옮기게 되었다. 퍼거슨의 입장에서는 지난 16강전에서의 패배를 잉글랜드 무대에서 복수해주고 싶었겠지만, 언제나 승리자는 무리뉴였다. 2000년대 중반 부진을 겪었던 맨체스터 유나이티드와 퍼거슨은 엄청난 굴욕에 고개를 숙일 수밖에 없었다.

이후 퍼거슨 감독의 맨체스터 유나이티드가 2006/07 시즌부터 다시 살아나는 기색을 보이자 다시 한 번 퍼거슨 감독과 무리뉴 감독의 지략 대결이 관심을 끌었다. 퍼거슨 감독은 2006년 여름, 팀의 성공적인 리빌딩을 통해 다시 부활했고, 이때부터는 무리뉴 감독과의 맞대결에서 쉽게 무너지지 않았다. 그리고 결국엔 첼시에게 빼앗겼던 잉글랜드 무대의 패권을 다시 되찾아오게 되었다. 하지만 시즌 막바지에 열린 FA컵 결승에서는 또다시 무리뉴 감독의 첼시에게 0-1로 무릎을 꿇으며 준우승에 머물러야만 했다.

2007/08 시즌의 커뮤니티 실드에서는 리그 챔피언의 자격으로 나선 맨체스터 유나이티드가 전년도 FA컵 우승팀인 첼시를 만나 승부차기 끝에 승리하며 트로피를 거머쥐었다. 퍼거슨 감독에게는 상쾌한 출발이었지만, 무리뉴 감독에게는 불안한 징조의 스타트였다. 결국 무리뉴 감독은, 감독의 권한을 인정해주지 않고 구단주의 권력을 남용해 자신의 권한마저도 침해하려드는 첼시의 구단주 로만 아브라모비치에

대한 불만으로 감독직 사임을 선언[14] 하며 첼시를 떠나게 되었다. 곧, 퍼거슨 감독을 포함해 평소 그와 라이벌 관계를 이어오던 여러 감독들은 '무리뉴 감독의 빈자리는 잉글랜드 축구에 있어서도 악영향을 끼칠 것'이라는 인터뷰를 남겼다.

무리뉴 감독이 잉글랜드를 떠난 이후에도 무리뉴와 퍼거슨의 만남은 지속되었다. 2008/09 시즌 챔피언스리그 16강에서 만나게 된 것이다. 무리뉴의 인터 밀란과 퍼거슨의 맨유의 대결이었다. 그리고 결과는 맨유의 승리였다. 이때의 패배를 약으로 삼은 무리뉴는 정확히 1년 뒤, 인터 밀란을 유럽 최고 클럽의 자리에 올려놓으며 명예 회복에 성공했다.

이후 두 감독이 만날 기회는 좀처럼 주어지지 않았다. 그러던 사이 2012/13 시즌 챔피언스리그 토너먼트에서 맞대결의 기회가 찾아왔다. 이번에도 16강. 우승 후보로 지목되고 있던 레알 마드리드와 맨체스터 유나이티드의 대결이었다.

경기는 예상대로 박빙의 흐름이었다. 어느 팀도 경기의 주도권을 쥐지 못했으며 공방전을 주고받는 사이 레알 마드리드의 홈에서 열린 1차전은 1-1 무승부로 종료됐다. 퍼거슨 감독의 맨체스터 유나이티드는 원정 골을 1골 넣었기 때문에 더 유리한 입장이었지만, 홈에서 열린 2차전에서 1-2 역전패를 당하며 탈락의 쓴 잔을 마셔야만 했다. 무리뉴 감독의 레알 마드리드는 이 경기의 승리로 인해 챔피언스리그 8강행을 확정지었다. 이후 퍼거슨 감독의 은퇴 선언으로 인해 이 경기가 그들의 마지막 지략 맞대결이 되었다.

---

14) 그러나 사실상 경질이다.

 퍼거슨 '감독'의 모습은 더 이상 볼 수 없게 되었지만 그들이 남긴 치열한 라이벌 의식은 영원히 기억될 것이다.

2. 아르센 벵거 vs 알렉스 퍼거슨

(Arsene Wenger vs Alex Ferguson)

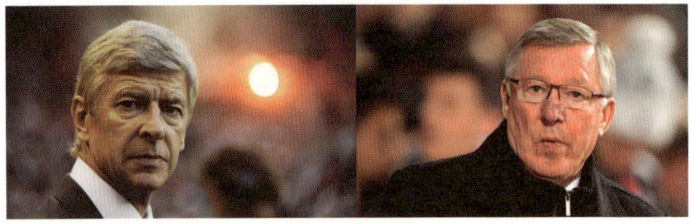

◈ 알렉산더 채프먼 "알렉스" 퍼거슨 경

(Sir Alexander Chapman "Alex" Ferguson / 1941.12.31. / 스코틀랜드)

(감독 커리어)
- 1974 이스트 스터링셔 FC (스코틀랜드)
- 1974~1978 세인트 미렌 FC (스코틀랜드)
- 1978~1986 애버딘 FC (스코틀랜드)
- 1986~2013 맨체스터 유나이티드 FC (잉글랜드)

◈ 아르센 벵거 (Arsene Wenger / 1949.10.22. / 프랑스)

(감독 커리어)
- 1984~1987 AS 낭시 (프랑스)
- 1987~1994 AS 모나코 FC (프랑스)
- 1995~1996 나고야 그램퍼스 에이트 (일본)
- 1996~ 아스날 FC (잉글랜드)

오랫동안 프리미어리그에서 감독 간 라이벌 관계를 이룬 것은 바로 아스날의 벵거 감독과 맨유의 퍼거슨 감독이었다. 비록 지금은 아스날이 주춤하는 모습을 보여주면서 두 감독 간의 라이벌 관계도 조금씩 시들해진 양상을 띠고 있지만, 한창 때의 맨유와 아스날의 라이벌 관계, 특히 벵거 감독과 퍼거슨 감독간의 라이벌 관계는 전 세계의 이목을 집중시킬 만큼 치열했고, 격렬했었다.

퍼거슨 감독이 맨유에서 무려 27년 간 감독직을 유지한 것처럼 그의 라이벌 아르센 벵거 감독 역시 1996년부터 아스날의 지휘봉을 잡아 17년째 감독으로서 지위를 누리고 있다. 프리미어리그를 대표하는 두 터줏대감, 그들은 서로가 각자의 팀 감독으로 부임한 시간만큼 라이벌 관계를 이어왔다. 이 두 감독은 생각보다 공통점이 많다. 유망주들을 발굴해 키워내는 능력이 누구보다도 뛰어난 감독들이며 감독으로서 갖고 있는 철학도 비슷하다. 그들이 추구하는 전술은 빠르고 공격적인 템포를 중시하는 프리미어리그의 스타일과 잘 맞았다. 이들의 첫 번째 맞대결은 벵거 감독이 부임한 첫 시즌인 1996/97 시즌에 이루어졌다. 당시 두 차례의 맞대결은 퍼거슨 감독의 맨유가 승리를 거머쥐었지만, 이들의 신경전은 이때부터 불을 뿜기 시작했다. 퍼거슨 감독은 일본 J리그 나고야 그램퍼스로부터 아스날로 건너온 벵거 감독에 대해 시작부터 독설을 아끼지 않았다.

"일본 축구 감독이나 맡고 온 인물이 잉글랜드 축구에 대해 무엇을 알겠는가?"

벵거 감독을 환영(?)하는 그만의 인사말이었다. 하지만 벵거 감독은 잉글랜드에 남아있던 여느 감독들과는 차원이 다른 인물이었다. 보통 퍼거슨 감독이 독설을 남기면 그의 힘과 카리스마에 밀려 대부분의 감독들이 자존심을 굽히는 것이 일반적이었지만, 벵거 감독만은 자신의 자존심과 철학을 꿋꿋이 지키며 퍼거슨 감독의 독설에 대응해나갔다.

첫 시즌부터 나름대로 좋은 성적을 유지해온 벵거 감독은 1997/98 시즌을 앞두고 대대적인 선수 영입을 강행했다. 스타 플레이어들을 노린 것은 아니었다. 전 세계 각지에 성장 가능성이 있는 유망주들을 발굴해 스타 플레이어로 키워냈다. 그 당시 아무도 주목하지 않았던 선수들을, 아스날의 감독은 미래의 가능성을 보고 영입했다. 말 그대로 '알짜배기 영입'이었다. 이후 벵거 감독의 축구 철학에 탄력을 받은 아스날은 잉글랜드 최고의 클럽으로 독주해나가던 맨유를 꺾고 프리미어리그와 FA컵 우승 트로피를 들어올렸다. 그 덕에 벵거 감독은 외국인 감독 최초로 '더블'을 달성한 지도자로 기록되었다.

동시에 잉글랜드 전역은 아스날의 행보에 큰 관심을 기울였다. 퍼거슨 감독과 맨체스터 유나이티드는 자신들을 꺾은 벵거 감독과 아스날에 배가 아팠다. 이에 대대적인 선수 보강에 나섰다. 결국 맨유는 바로 그 다음 시즌인 1998/99 시즌 잉글랜드 최초로 트레블을 달성했다. 벵거 감독은 라이벌 팀의 트레블을 지켜보며 또 다른 반격을 준비해야 했다.

맨유와 아스날은 오랫동안 프리미어리그의 양강 체제를 유지했다. 그리고, 아스날이 무패 우승을 달성했던 2003/04년 시즌은 이들의 라이벌 의식이 최정점으로 올라선 시기였다.

2003/04 시즌, 올드 트래포드에서 열린 맞대결에서 아스날 선수들은 맨유 선수들을 고의적으로 가격하며 폭력 논란에 휘말려야 했다. 퍼거슨 감독은 아스날의 폭력성을 비난했고, 벵거 감독 역시 이에 질세라 선수들을 감싸며 또 다른 신경전을 벌였다. 결국 벵거 감독의 선택은 선수들의 응집력과 팀워크를 더욱 강하게 만들었으며, 그 덕분에 아스날은 잉글랜드 프리미어리그 무패 우승을 달성하게 되었다.

 아스날은 다음 시즌까지 무패 행진을 이어가며 리그 50경기 무패 기록을 눈앞에 두고 있었다. 그 순간 그들 앞에 나타난 팀은 다름 아닌 맨체스터 유나이티드였다. 퍼거슨 감독의 맨유는 아스날의 무패 행진을 끊겠다며 강한 의지를 드러냈다. 그러한 의지 때문이었을까. 결국 맨유는 2-0 승리를 이끌어내며 아스날의 무패 행진을 49경기에서 중단시켰다. 벵거 감독과 아스날 선수들은 경기에서 패하자 분을 감추지 못했고, 결국 참다못한 선수들은 퍼거슨 감독과 선수들에게 라커룸에 있던 피자를 집어 던지며 그 이름도 유명한 '뷔페 전투'를 만들어냈다. 맨유 선수들도 음료수와 음식들로 아스날의 공격에 대응해 나갔다. 결국 영국 경찰까지 나서 이들의 신경전을 말리는 지경에 이르렀다.

 그러나 이들의 라이벌 관계는 벵거 감독의 아스날이 수년째 무관에 그치면서 조금씩 식어갔다. 아스날이 부진에 빠진

동안 맨유는 연이은 우승을 차지하며 여러 개의 트로피를 얻어냈고, 그렇게 아스날과 맨유의 격차는 벌어지고 말았다. 그와 동시에 벵거 감독과 퍼거슨 감독의 사이에서도 예전 같은 치열함을 찾아볼 수 없게 되었다.

하지만 그렇다 해서 프리미어리그 전체를 성장시킨 이 라이벌 관계의 공을 결코 무시할 수는 없다. 아스날이 97/98 시즌 더블을 달성하면서 분한 감정을 감추지 못한 퍼거슨이 그들을 이기고자 바로 그 다음 시즌에 트레블을 달성한 것처럼, 라이벌이라는 존재는 팀을 더욱 발전시키는 원동력으로 작용하는 것이기 때문이다. 벵거 감독과 퍼거슨 감독이라는 뛰어난 감독들 덕분에 프리미어리그는 눈부신 발전을 이룰 수 있었다. 그들의 다양한 전술로 리그가 경쟁력을 갖추게 되었고, 결국엔 세계 최고의 리그로 발돋움할 수 있었던 것이다. 퍼거슨 감독이 은퇴를 선언하며, 이젠 더 이상 퍼거슨 감독과 벵거 감독간의 라이벌 관계를 볼 수 없다는 점은 아쉬운 일이다.

3. 조세 무리뉴 vs 펩 과르디올라
(Jose Mourinho vs Josép Guardiola)

◦ 조세 마리우 두스 산투스 펠리스 무리뉴
(José Mário dos Santos Félix Mourinho / 1963.1.26. / 포르투갈)

 (감독 커리어)
- 2000 SL 벤피카 (포르투갈)
- 2001~2002 UD 레이리아 (포르투갈)
- 2002~2004 FC 포르투 (포르투갈)
- 2004~2007 첼시 FC (잉글랜드)
- 2008~2010 FC 인터 밀란 (이탈리아)
- 2010~2013 레알 마드리드 CF (스페인)
- 2013~ 첼시 FC (잉글랜드)

◦ 펩 과르디올라 이 살라
(Josép Guardiola i Sala / 1971.1.18. / 스페인)

 (감독 커리어)
- 2007~2008 FC 바르셀로나 B (스페인)
- 2008~2012 FC 바르셀로나 (스페인)
- 2013~ FC 바이에른 뮌헨 (독일)

세계적인 더비로 꼽히고 있는 '엘 클라시코.' 레알 마드리드와 바르셀로나가 맞붙는 이 지상 최고의 더비는 마치 전쟁 같은 분위기를 연출하는 것으로 유명하다. 그리고 이러한 엘 클라시코의 라이벌 의식은 선수들 사이에서만 존재하는 것이 아니라 팀을 이끌었던 두 감독 사이에서도 뜨겁게 불타올랐다.

두 감독은 사실 팀의 감독 자리에 부임하기 전부터 여러 차례 대면했다. 이들의 첫 만남은 바르셀로나에서 이루어졌다. 과르디올라가 선수로서 바르셀로나에서 활약하던 시절, 무리뉴는 바르셀로나의 통역관으로 부임했다. 통역관이었음에도 해박한 축구 지식으로 선수들의 신임을 얻었던 무리뉴는 특히 바르셀로나의 핵심 선수였던 과르디올라와 친했고, 둘은 두터운 우정을 형성하며 축구에 대한 철학과 지식을 공유하는 관계로까지 이어지게 되었다. 물론 전술이나 코칭에 대한 지식은 무리뉴가 훨씬 더 뛰어났으므로, 무리뉴가 과르디올라에게 전수해주는 경우가 대부분이었다.

이후 무리뉴는 통역관으로서의 활약을 통해 더 큰 기회를 얻으며 포르투갈 리그의 명문 클럽 SL 벤피카의 지휘봉을 잡았다. 이 동안 과르디올라는 세리에 A, 카타르 리그, 멕시코 리그 등을 거치며 자신의 선수 커리어의 말미를 향해 나아가는 중이었고, 그 이후 무리뉴는 포르투와 첼시에서 감독으로서의 커리어에 정점을 찍으며 세계 최고의 감독 반열에 오르기 시작했다. 이때까지만 해도 좋은 사이를 유지하며 별달리 부딪힐 일이 없었던 두 인물이 세계 최고의 라이벌 관계가 될 거라는 사실은 누구도 예견하지 못했다.

2006년 멕시코 리그에서 선수 생활의 은퇴를 선언한 과르디올라는 2007년 FC 바르셀로나 B(2군) 감독으로 선임되면서 지도자의 길을 걷기 시작했다. 첫 시즌부터 좋은 성적을 일궈낸 과르디올라 감독에게서 '희망'을 본 바르셀로나의 회장 후안 라포르타는 그를 2008년 여름, FC 바르셀로나의 새 사령탑에 앉히기에 이른다. 여기까지는 모든 축구팬들이 알고 있는 이야기이지만, 사실 과르디올라 감독의 선임 과정에는 팬들에게 알려지지 않은 비화가 숨어있다. 그것은 바로 과르디올라 감독을 선임하기 이전, 후안 라포르타 회장이 무리뉴 감독에게도 욕심을 내고 있있다는 것. 라보르타 회장은 전임 감독 레이카르트를 경질한 뒤 곧바로 바르셀로나의 통역관 출신이었던 무리뉴를 팀의 감독 자리에 앉히기로 마음먹었다. 라포르타 회장은 무리뉴에게 공식적으로 감독 제의를 했지만, 무리뉴 감독은 이를 거절했고 그 대신 인터 밀란의 사령탑에 오르게 된다. 실망한 라포르타 회장은 결국 2군 감독이었던 과르디올라 감독을 선임할 수밖에 없었다. 하지만, 그렇게 선임된 과르디올라 감독이 부임 첫 시즌부터 트레블을 기록하며 바르셀로나를 지상 최강의 팀으로 성장시키면서 라포르타 회장의 (어쩔 수 없었던) 선택은 결과적으로 '신의 한 수'가 되었던 셈이다.

인터 밀란을 맡고 있던 무리뉴 감독과 바르셀로나의 과르디올라의 지략 맞대결은 예상보다 이른 시간에 찾아왔다. 2009/10 UEFA 챔피언스리그 준결승전이 바로 그 무대였다. 그러나 경기를 앞두고 한 가지 큰 변수가 생겼다. 바르셀로나 선수단이 아이슬란드로부터 날아온 화산재에 의해 예상보다 더 늦은 시간에 1차전이 열릴 밀라노에 도착하게 된 것이다. 이 때문에 바르셀로나 선수들은 밀라노의 환경에 제대로 적응할 여유도 없이 컨디션 난조를 보였고, 결국 1차전의 결과는 인터 밀란의 3-1 완승으로 마무리되었다.

그리고 얼마 지나지 않아 누 캄프에서 열릴 2차전의 날짜가 찾아왔다. 바르셀로나로서는 최소 두 점차 이상으로 이겨야 되는 상황이었다. 무리뉴 감독의 인터 밀란은 공격적으로 나올 것으로 예상되는 바르셀로나를 맞이해 소위 '10백'이라 불리는 극단적인 수비 위주 전술을 꺼내들었다. 선수들은 절대 하프라인 이상을 넘지 않았으며 공격수들도 모두 적극적으로 수비에 가담했다. 인터 밀란의 이러한 전술에 대응하지 못하던 바르셀로나는 후반 37분 피케가 골을 기록하긴 했지만 결국엔 추가골을 넣지 못했고 2차전은 그대로 바르셀로나의 1-0 승리로 마무리되었다. 그러나 1,2차전 합계에서 앞선 것은 무리뉴의 인터 밀란이었고 챔피언스리그 결승행 티켓 역시 인터 밀란의 것이 되었다. 경기 내내 조마조마해 하고 있던 무리뉴 감독은 경기가 종료되자 곧바로 그라운드로 뛰쳐나와 승리를 확정짓는 세레머니를 펼쳤다. 그렇게, 과르디올라 감독과 무리뉴 감독의 첫 번째 맞대결은 무리뉴 감독의 승리로 끝이 났다.

그 경기가 펼쳐지던 중 가장 인상적이었던 장면은 무리뉴 감독이 과르디올라 감독에게 말 한마디를 건네던 모습이었다. 이른 시간에 티아고 모따가 퇴장 당하자 과르디올라 감독은 선수단을 불러 마치 승리를 확정지은 듯한 미소를 띠었는데 이 장면을 목격한 무리뉴 감독은 곧바로 과르디올라 감독의 뒤로 들어가 어깨를 치며 "이미 끝났다고 생각하겠지. 하지만 끝나려면 멀었어."라고 속삭인 것이다.

그리고 이어진 결승에서 무리뉴의 인터 밀란은 챔피언스리그 우승 트로피를 들어 올리며 이탈리아 사상 첫 트레블을 달성했다(인터 밀란으로서는 50년 만에 이룩한 쾌거였다).

 두 감독 간의 관계가 이렇게 치열한 신경전과 설전을 띠게 되니 언론과 팬들은 자연스럽게 다음 맞대결을 손꼽아 기다렸다. 그리고 머지않아 이들에게 희소식이 들려왔다. 바로 무리뉴 감독이 레알 마드리드로 적을 옮긴다는 것이었다.

"이미 끝났다고 생각하겠지. 하지만 끝나려면 멀었어."

레알 마드리드는 바르셀로나의 영원한 라이벌로서, 그 팀의 지휘봉을 무리뉴 감독이 잡게 되면 당연히 두 감독 간의 맞대결은 늘어날 것이었다. 안 그래도 유명한 엘 클라시코 더비는 이제 더욱 특별한 의미를 띤 경기가 되었다.

나란히 1~2위를 다투던 차에 이루어진 과르디올라의 바르셀로나와 무리뉴의 레알 마드리드의 첫 번째 맞대결은 충격적이게도 바르셀로나의 5-0 승리로 끝이 났다. 예상치 못한 대패에 일부에선 무리뉴 감독이 경질될 것이라는 섣부른 예측이 나올 정도였다.

그러나 무리뉴 감독은 쉽게 주저앉지 않았다. 지난 경기에서 수비적인 전술로 인해 패배를 경험했다면, 그 다음 경기에서는 최대한 공격적인 전술, 그리고 두 전술 간의 균형

이 합쳐진 밸런스 있는 전술 등 여러 가지의 카드를 실험해 보면서 바르셀로나에게 최적화된 전술을 찾기 위해 노력했다. 그 덕에 마드리드는 5-0 대패 이후 바르셀로나와의 호각세를 금세 회복하였고 2010/11 시즌 국왕 컵 결승에선 바르셀로나를 꺾고 우승을 차지했으며, 2011/12 시즌에는 라 리가 우승컵을 거머쥐기도 했다. 결국 2011/12 시즌 과르디올라 감독은 마드리드에게 밀려 국왕 컵 우승만을 차지한 채 스스로 감독직에서 물러나고 말았다.

이후 엘 클라시코는 마드리드의 일방적인 우세로 이어졌다. 2012/13 시즌 있었던 경기에서 레알 마드리드는 바르셀로나를 상대로 3승2무1패의 전적을 기록하면서 엘 클라시코의 강자 이미지를 더욱 굳건하게 만들었다. 상황은 이제 크게 달라져 바르셀로나가 마드리드의 격파 방법을 찾아내야 하는 경지까지 이르렀다. 팬들은 무리뉴 감독의 능력에 감탄하는 한편, 과르디올라 감독의 빈 자리를 느끼게 됐다.

2013/14 시즌부터 과르디올라 감독은 바이에른 뮌헨의 지휘봉을 잡게 되면서 다시 '현장'으로 돌아올 예정이다. 무리뉴 감독과 리그에서 만날 순 없겠지만, 챔피언스리그 등 유럽 대항전 무대에서 또 다시 그들이 맞붙을 그 날을 많은 축구 팬들이 기다리는 이유는 지금까지 보여줬던 두 감독 간의 치열한 라이벌 관계 때문이다.

4. 최용수 vs 황선홍 vs 서정원

(Choi Yong-Soo vs Hwang Sun-Hong vs Seo Jung-Won)

(사진 출처 : zimbio, withktalk / 사진 제공 : 수원 삼성 블루윙즈)

- **최용수** (Choi Yong-Soo / 1973.9.10. / 대한민국)

  (감독 커리어)
  - 2011 FC 서울 [대행] (대한민국)
  - 2011~ FC 서울 (대한민국)

- **황선홍** (Hwang Sun-Hong / 1968.7.14. / 대한민국)

  (감독 커리어)

- 2008~2010 부산 아이파크 (대한민국)
- 2010~ 포항 스틸러스 (대한민국)

◉ **서정원** (Seo Jung-Won / 1970.12.17. / 대한민국)

(감독 커리어)
- 2013~ 수원 삼성 블루윙즈 (대한민국)

선수 시절 팬들로부터 많은 비교를 받으며 라이벌 관계로 발전했던 최용수와 황선홍 그리고 서정원이 이제 프로 팀의 감독이 되어 다시 한 번 자웅을 겨루려 한다.

FC서울의 감독 최용수, 포항 스틸러스의 감독 황선홍, 그리고 수원 삼성 블루윙즈의 감독 서정원. 이들이 맡고 있는 팀들은 모두 K리그 클래식에서 상위권을 차지하는 쟁쟁한 강팀들이다. 그리고 지도자로서 이제 막 발돋움하기 시작한 세 감독은 모두 이 강팀들의 지휘봉을 잡으며 우승 트로피를 위해 싸우고 있다.

과거 최용수는 94년 LG 치타스에서 데뷔해 90년대 K리그를 제패했고, 이후 일본 J리그에서도 활약하며 자신의 클래스를 아시아 전역에 입증했다. 최용수는 국가대표 A매치에서도 파워풀한 플레이와 투지 넘치는 공격력으로 시원시원한 골을 보여줬고, 특히 헤더슛 능력에 있어선 타의 추종을 불허할 정도였다. 반면 황선홍은 대학 졸업 이후 곧바로 독일로 건너가 프로 생활을 시작했지만 치명적인 부상을 당하며 곧 국내 무대로 돌아오게 되었다. 그는 93년에 포항 스틸러스에 입단해 팀을 준우승에 올려놓는 등 뛰어난 활약을 펼쳤고, 선수 생활의 말년은 J리그에서 보냈다. 서정원은 92년 LG 치타스에서 데뷔해 최고의 활약을 선보였고, 그 덕분에 해외 클럽으로부터 여러 차례 러브콜을 받기도 했다.[15] 뒤늦게 서정원은 소속 팀 LG 치타스를 뒤로하고 98년 프랑스의 RC 스트라스부르로 이적해 첫 해외 진출에 성공했지만, 감독과의 불화로 인해 1년 만에 프랑스 리그를 떠나게 됐다. 그렇게 한국 무대로 컴백해야 하게 된 서정원은 친정 팀인 안양 LG 치타스가 아닌 라이벌 팀 수원 삼성 블루윙즈에 입단하는 결정을 내리며 큰 충격을 안겼다. 서정원의 선택은 훗날 지지대 더비의 형성에도 큰 영향을 끼쳤다. 수원 유니폼을 입은 서정원은 안양을 포함한 여러 팀들을 상대로 빼어난 활약을 보여주며 팀의 전성기에 일조했다. 이후 오스트리아 리그에서 선수로서 마지막 커리어를 장식한 서정원은 2007년 SV 리트에서의 생활을 마지막으로 은퇴를 선언했다.

이들은 은퇴 이후 곧바로 감독으로서의 새 출발을 꿈꿨다. 최용수 감독은 2011년, 황보관 감독의 경질로 공석이 된 자리를 채우기 위한 감독 대행으로서 데뷔전을 치르었으며, 황선홍 감독은 부산 아이파크에서 첫 감독직에 데뷔한 이후 2010년 포항 스틸러스의 지휘봉을 잡으며 현재까지 포항을 이끌고 있다. 서정원은 2013년 시즌 개막을 앞두고 수원 삼성의 감독이 되었다. 선수 시절 최고의 라이벌들로 평가받던 이들이 이제 감독직에서 또다시 경쟁할 것을 생각하니 축구

---

15) 구단의 거절과 에이전트 측 사정으로 인해 결국 서정원의 해외진출은 무산되고 말았다

팬들의 입장에서는 가슴 설렐 수밖에 없다.

더욱이 이들의 관계를 특별하게 만드는 것은 바로 각자 이끌고 있는 팀들이 서로 라이벌 관계에 놓여있다는 점이다. 최용수 감독과 서정원 감독이 맞붙을 '슈퍼매치'는 말할 것도 없고, '황새' 황선홍 감독과 '독수리' 최용수 감독은 치열한 '조류 더비'를 펼치게 되었으며, 전통적으로 명승부를 펼쳤던 포항과 수원의 대결에도 황선홍 감독과 서정원 감독의 라이벌 의식이 추가되었다.

최용수 감독과 황선홍 감독, 그리고 서정원 감독은 사실 베테랑 감독들에 비하면 이렇다 할 경력이 아직까지는 부족하다. 하지만 선수로서 한 시대를 풍미했던 레전드들이 감독으로서 성장하는 과정을 지켜보는 것은 대단히 흥미롭다. 이들이 서로 간의 경쟁 구도에서 어떤 관계를 이어가며, 누가 더 뛰어난 지도력을 보여줄 지를 기대하며 K리그를 지켜보는 것도 큰 재미가 될 듯하다.

5. 로베르토 마르티네즈 vs 해리 레드냅

(Roberto Martinez vs Harry Redknapp)

⚽ **로베르토 마르티네즈** (Roberto Martinez / 1973.7.13. / 스페인)

(감독 커리어)
- 2007~2009 스완지 시티 AFC (잉글랜드)
- 2009~2013 위건 애슬레틱 FC (잉글랜드)
- 2013~ 에버튼 FC (잉글랜드)

⚽ **해리 레드냅** (Harry Redknapp / 1947.3.2. / 잉글랜드)

(감독 커리어)
- 1994~2001 웨스트 햄 유나이티드 (잉글랜드)
- 2002~2004 포츠머스 FC (잉글랜드)
- 2004~2005 사우스햄튼 FC (잉글랜드)
- 2005~2008 포츠머스 FC (잉글랜드)
- 2008~2012 토트넘 핫스퍼 (잉글랜드)
- 2012~ 퀸즈 파크 레인저스 FC (잉글랜드)

잉글랜드 프리미어리그의 대표적인 '잔류 청부사'로 꼽히는 두 감독. 바로 위건 애슬레틱의 로베르토 마르티네즈(現 에버튼)와 퀸즈 파크 레인저스의 해리 레드냅 감독이다. 마르티네즈와 레드냅 감독은 강등권에 위치해 있는 팀을 맡으면서도 언제나 그 팀을 잔류시키는 마법을 보여주었기 때문에 '프리미어리그 잔류 전문 감독'으로 꼽힌 바, 마르티네즈와 레드냅 중 '누가 더 좋은 지도력을 보여줄 것인가?' 하는 질문에 대한 축구 팬들의 논쟁이 끊이질 않았다. 마르티네즈 감독과 레드냅 감독은 어떻게 리그 최고의 '잔류 청부사'가

될 수 있었을까?

우선 로베르토 마르티네즈 감독은 위건 애슬레틱을 이끌며 리그 초중반 아쉬운 모습을 보이다가도 막판엔 '초인적'인 능력을 보이며 결국엔 잔류에 성공하는 모습을 몇 년째 이어왔다. 실제로 위건은 시즌 내내 강등권에 있다가 4월 즈음부터 팀 전체 전력의 상승세를 가져와 우승을 노리고 있는 팀마저도 만만히 볼 수 없는 다크호스로 거듭나게 된다. 2011/12 시즌에는 연승을 달리며 리그 우승을 바라보던 '최강' 맨체스터 유나이티드가 시즌 후반 위건 원정에서 0-1로 패한 바 있고, 이외에도 첼시나 아스날을 비롯한 강팀들 역시 위건의 '잔류를 향한 의지' 앞에 무릎을 꿇어야만 했다. 시즌의 후반부만 되면 무적이 된다는 속설을 입증시킨 것이다.

절박한 상황에서 선수들의 힘을 응집시켜 극적으로 팀을 잔류시키는 마르티네즈 감독의 능력이 뛰어나다는 증거이다. 평상시엔 고만고만한 수준의 팀에게마저 패배로 일관해오던 하위권 팀 위건이 시즌 후반만 되면 잔류를 위해 우승을 넘보는 팀에게 승리하며 승점 3점을 챙겨간다. 시즌 후반의 위건은 초중반의 위건과 완벽히 다른 팀이 되는 것이다. 비록 2012/13 시즌에는 잔류에 실패했지만, 그동안 잔류 청부사로서 위건을 지켜낸 마르티네즈 감독이 보여준 능력은 놀라운 것이었다.

해리 레드냅 감독 역시 잔류 청부사 감독으로 유명한 인물 중 한 명이다. 웨스트 햄과 토트넘, 포츠머스 등의 하위권 팀을 맡으면서도 레드냅은 언제나 팀을 강등의 위기에서 구원해냈다. 특히나 2008년 강등권에서 헤매던 토트넘을 맡아 팀을 강등의 위험에서 벗어나게 한 것에 이어 리그 상위권까지 순위를 끌어올리기도 했고, 재임기간 중 토트넘에게 챔피언스리그 티켓을 선물하기도 했다.

그러나 잔류 청부사로 유명한 레드냅 감독도 때론 실패를 맛보기도 했다. 2004년, 레드냅은 팀을 강등권에서 구해내기 위해 사우스햄튼의 감독으로 선임되었지만, 결국 기대에 못 미치는 활약을 보이면서 팀에게 27년만의 첫 2부 리그 강등이라는 불명예스러운 기록을 안겼고, 이 때문에 사우스햄튼 보드진과 마찰을 겪게 되면서 결국 감독직에서 물러나고 말았다.

그리고 2012/13 시즌 중반에 부임하게 된 '퀸즈 파크 레인저스(QPR)'를 강등의 위기에서 구해내지 못한 것 역시 그의 커리어에 치명적 오점으로 남았다. 레드냅 입장에서는 QPR을 성공리에 잔류시키면서 또다시 잔류 청부사로서의 이미지를 굳게 다지길 기대했겠지만, 결국 QPR에서는 최악의 모습만을 보여준 채 그를 믿어온 팬들에게 실망감을 안겨주고 말았다.

마르티네즈 감독이 위건이라는 팀 내에서만 잔류 청부사로서의 모습을 보여주고 있다면, 레드냅 감독은 비록 실패는 있었지만 힘든 사정에 놓인 여러 팀들을 옮겨 다니면서 그 팀들을 강등에서 구해주었다는 자신만의 특징과 강점이 있다. 그렇지만 최근 레드냅 감독이 보여준 모습에는 아무래도 기대보다는 실망이 더 크기 때문에, 커리어의 오점을 어떤 식으로 극복할지 그 귀추가 주목된다.

6. 아리고 사키 vs 요한 크루이프
(Arrigo Sacchi vs Johan Cruyff)

⚽ 아리고 사키 (Arrigo Sacchi / 1946.4.1. / 이탈리아)

(감독 커리어)
- 1982~1983 리미니 칼초 FC (이탈리아)
- 1984~1985 리미니 칼초 FC (이탈리아)
- 1985~1987 파르마 FC (이탈리아)
- 1987~1991 AC 밀란 (이탈리아)
- 1991~1996 이탈리아 국가 대표팀
- 1996~1997 AC 밀란 (이탈리아)
- 1998~1999 아틀레티코 마드리드 (스페인)
- 2001 파르마 FC (이탈리아)

⚽ 헨드릭 요하네스 크루이프

(Hendrik Johannes Cruijff / 1947.4.25. / 네덜란드)

(감독 커리어)
- 1985~1988 AFC 아약스 (네덜란드)

- 1988~1996 FC 바르셀로나 (스페인)
- 2009~2013 카탈루냐 대표팀

  브라질의 한 시대를 이끌었던 '4-2-4' 포메이션은 발재간이 좋고, 스피드가 빠르며, 개인 기술이 뛰어난 브라질 선수에게 특화된 포메이션이었다. 브라질은 이 포메이션을 통해 1958, 62, 70 월드컵을 우승하며 세계 최강의 팀으로 군림했다. 4-2-4 포메이션은 이후 전 세계로 확대되었지만 효과를 본 팀은 그다지 많지 않았다.

  4-2-4 포메이션의 효과를 보지 못했던 가장 대표적인 대륙은 바로 유럽이었다. 4-2-4 포메이션은 개인 기술이 좋은 남미 선수들을 위해 특화된 전술이었는데, 유럽 선수들은 남미 선수들에 비해 발재간이나 개인 기술면에서 뒤처지는 모습을 보였기에 4-2-4 포메이션을 잘 활용할 수 없었던 것이다.

  이러한 상황에서, 이탈리아에서 탄생한 수비 위주의 전술 '카테나치오'가 등장했다. 4명의 수비수 사이에서 자유로운 움직임을 보이며 시시각각 필요한 공간에 지원을 보내는 '리베로'의 존재로 수비 조직을 강화시키는 것, 이것이 브라질의 4-2-4 포메이션을 막기 위해 유럽 축구에서 내놓은 전술이었다. 하지만 카테나치오 전술은 너무 수비에 무게 중심을 두다 보니, 공격 전개 시 특정 선수들의 개인 기량에만 의존해야하는 치명적인 단점 또한 내재되어 있었다. 이러한 한계점을 정확하게 인식한 리누스 미헬스 아약스 감독은 60년대 후반부터 자신만의 축구 철학이 담긴 새로운 전술을 탄생시켰다. 그 유명한 '토털 풋볼(토탈 축구)'이었다.

리누스 미헬스 감독의 전술은 카테나치오 전술의 단점을 완벽하게 해결한 포메이션이었다. 카테나치오 전술이 지나치게 수비에 무게중심을 두다 보니 선수들의 라인이 대부분 자기 진영 쪽으로 뒤처진다는 단점을, 미헬스 감독은 도리어 선수들의 라인을 올려주면서 공격수와 미드필더진에서부터 상대팀 선수를 끊임없이 압박하게 만드는 전술로 해결해냈다. 이것이 압박 축구의 태동이자, 브라질의 4-2-4 포메이션을 막을 유럽인들의 효과적인 대비책이었다. 토털 풋볼은 이후 아약스와 네덜란드의 황금기를 이끌며, 세계 축구의 흐름을 주도해가는 듯 보였다.

그러나 토털 풋볼에도 한 가지 완성되지 않은 단점이 존재하고 있었다. 바로 끊임없이 압박을 하는 과정에서 오는 선수들의 지나친 체력 소모를 어떻게 커버해주느냐는 것이었다. 뿐만 아니라 선수들이 압박 과정에서 자신의 포메이션을 이탈할 때 생기는 빈 공간을 어떻게 막아야 하느냐는 고민도 쉽게 해결되지 않았다. 이 때문에 토털 풋볼은 또 다시 한동안 세계 축구의 주류에서 밀려나며 역사 속으로 사라지는 듯 했지만, 토털 풋볼을 성장시키려는 두 천재적인 감독의 노력이 깃들어져 이후 현대 축구에도 지대한 영향을 미치게 된 핵심적인 전술로 성장했다. 그 두 천재 감독은 AC 밀란의 황금기를 이끈 아리고 사키와 바르셀로나의 황금기를 이끈 요한 크루이프였다.

AC 밀란의 감독을 맡았던 아리고 사키는 토털 풋볼에 내재되어 있던 이러한 단점을 체계적으로 연구하여 그때까지도 카테나치오가 주축을 이루고 있던 이탈리아 축구를 획기적으로 변화시켰다. 선수들이 무작정 압박을 가하는 것이 아니라 계산된 플레이를 통한 체계적인 방법으로 압박하는 토털 풋볼을 통해 AC밀란은 최고의 황금기를 맞이하게 되었다.

네덜란드 국가대표로서 누구보다도 토털 풋볼의 영향을 강하게 받았던 요한 크루이프 역시 토털 풋볼을 성장시킨 또 하나의 명감독이다. 선수 은퇴 이후, 선수로서 익히게 된 토털 풋볼의 철학을 선수들에게 도입하고자 했던 크루이프 감독은 아약스 감독 자리에 올라 팀의 최고 전성기를 이끌었다. 그의 철학은 이후 바르셀로나에서도 인정받아, 현재의 바르셀로나 전술이 기반을 두고 있는 바르셀로나 드림팀의 시대를 개척했다.

당시 토털 풋볼을 통해 세계 최고의 반열에 오르게 된 AC밀란과 바르셀로나 중 누가 더 최강인지에 대한 논쟁은 지금까지도 등장한다. 그만큼 사키 감독과 크루이프 감독의 지도력, 그리고 발상이 현재까지도 축구팬들에게 강하게 각인되어 있다는 증거이기도 하다.

7. 윤성효 vs 최용수 (Yoon Sung-Hyo vs Choi Yong-Soo)

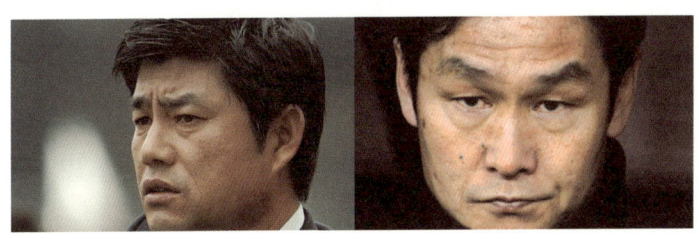

(사진 제공 : 수원 삼성 블루윙즈 / 사진 출처 : zimbio)

⚽ **윤성효** (Yoon Sung-Hyo / 1962.5.18. / 대한민국)

(감독 커리어)
- 2004~2010 숭실대학교 (대한민국)
- 2010~2012 수원 삼성 블루윙즈 (대한민국)
- 2013~ 부산 아이파크 (대한민국)

⚽ **최용수** (Choi Yong-Soo / 1973.9.10. / 대한민국)

(감독 커리어)
- 2011 FC 서울 [대행] (대한민국)
- 2011~ FC 서울 (대한민국)

축구 팬들에겐 이미 최고의 이슈가 된 '윤성효 부적.' FC 서울을 상대하는 상대팀의 팬들이 최용수 감독의 서울에게 저주를 걸기 위해 매 경기마다 준비해오는 신비의 부적이다.

그렇다면 상대팀의 팬들이 왜 하필 윤성효 감독의 얼굴이 새겨진 부적을 준비해오는 것일까? 이유는 부적의 주인공 윤성효 감독이 최용수 감독의 '킬러'이기 때문이다. 최용수 감독은 유독 동래중, 동래고, 연세대 9년 선배인 윤성효 감독의 팀만 만나면 이기질 못했다.

무명에 가까웠던 숭실대 축구부를 대학 최강의 자리에 올려놓으며 2010년 수원 삼성 블루윙즈의 감독으로 부임하게 된 윤성효 감독은 재임한 3시즌 동안 최고의 스토리를 만들어내며 'K리그 스토리텔러'의 역할을 수행했다. 윤성효 감독이 만들어낸 스토리 중에는 단연 슈퍼매치[16]에서 펼쳐진 최용수 감독과의 라이벌 관계였다.

2011년 4월, 감독 대행으로 FC서울의 지휘봉을 잡게 된 최용수 감독은 윤성효 감독의 수원과의 맞대결에서 5연패를 당하면서 FC서울에게 슈퍼매치 7연패라는 불명예스러운 기록을 안겨주고 말았다. 2012년 11월 있었던 슈퍼매치에서 가까스로 1-1 무승부를 기록하며 연패의 늪에서는 빠져나왔지만, 슈퍼매치에서 연이어 승리하지 못하는 최용수 감독에게 FC서울의 팬들은 불만이 가득했다. 수원 삼성을 상대로 좋지 않은 경기력을 펼쳐보이자 팀이 리그 1위를 수성하고 있었음에도 불구, 화가 난 FC서울의 서포터들이 팀 버스 앞에 드러누워 선수들과 코칭스태프에게 불만을 표시한 적도 있었다.

2012년 최용수 감독의 FC서울은 리그 1위를 달성하며 K리그의 우승 트로피를 따내는데 성공했지만, 그럼에도 불구하고 수원 삼성과의 경기에서 연이어 승리하지 못한 아픔은 FC서울을 '반쪽짜리 챔피언'으로 만들었다. 최용수 감독으로서는 팀과 자신의 체면을 지키기 위해 윤성효 감독과의 맞대결에서 승리를 위해 애를 썼지만, 결과는 언제나 아쉬움이 뒤따랐다.

2013년, 슈퍼매치에서는 강세를 보였지만 전체적인 성적에서는 늘 실망스러운 모습을 보였던 윤성효 감독은 수원에서 경질되었는데, 그는 그로부터 불과 1주일 뒤에 부산 아이

---

16) 수원 삼성과 FC서울간의 라이벌 매치

파크의 감독으로 선임된다. 윤성효 감독의 경질 소식을 들은 서울의 팬들은 이제 슈퍼매치에서 승리할 수 있는 것이 아니냐며 강한 기대를 보여주었지만, 동시에 과연 윤성효 감독이 부임한 부산 아이파크와의 경기에선 최용수 감독이 승리를 따낼 수 있을지에 불안감을 가졌다. 서울팬들의 우려대로 2013년 첫 맞대결에서 최용수 감독은 또다시 윤성효 감독의 부산 아이파크에게 0-1로 패하고 말았고, 최용수 감독은 윤성효 감독과의 상대 전적에서 7연속 무승 행진(7경기 1무6패)을 이어가야만 했다. 서울의 팬들 입장에서는 기가 찰 노릇이었다.

이 정도면 징크스가 아닌 저주라고 해도 무방하다. 팀을 리그 챔피언 자리에 이끈 최용수 감독이건만 윤성효 감독만 만나면 '작은' 모습을 보여주고 있다. 이러한 징크스를 그 누구보다도 잘 알고 있던 축구팬들은 자신이 응원하는 팀이 FC서울을 상대할 때마다 '윤성효 부적'을 준비했고, 윤성효 부적의 효력은 오랫동안 지속되었다.

FC서울을 리그 챔피언으로 이끈 최용수 감독. 하지만 FC서울과 최용수 감독이 '반쪽짜리 챔피언'이라는 오명을 벗어던지기 위해서는 윤성효 감독을 상대로 승리를 따내면서 자신을 괴롭히던 징크스를 물리치고 당당하게 홈팬들에게 기쁨을 선사하는 것이 최선의 과제이다. 과연 최용수 감독이 언제쯤이면 9년차 선배인 윤성효 감독을 넘어서고 국내 최고의 감독 반열에 올라설 수 있을지 그 귀추가 주목된다.

제4장
'게임+방송+SNS?'
축구를 빛나게 해주는 흥미진진한 라이벌들!

제4장 '게임+방송+SNS?'
축구를 빛나게 해주는 흥미진진한 라이벌들!

Chapter 4에서는 '팀', '국가', '선수', '감독' 이외의 분야에서 축구를 빛나게 해주는 특별한 라이벌 관계를 소개하고자 한다. 팀이나 국가, 선수, 감독 이외에도 얼마든지 라이벌 관계를 형성되기도 하며 이는 축구의 새로운 흥밋거리를 제공하기도 한다. 게임과 방송, SNS를 통해 파생된 라이벌 관계들을 정리했다.

1. 박문성 vs 배성재

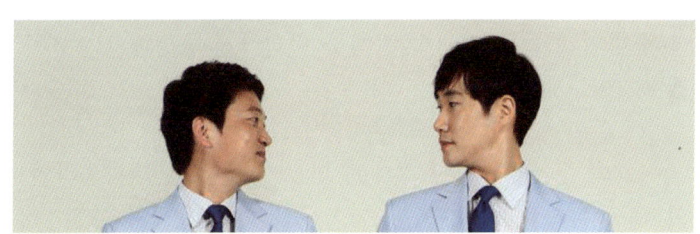

(사진 제공 : SBS 배성재 아나운서)

피파온라인3의 해설 듀오이자 SBS 최고의 해설 콤비로 불리고 있는 박문성과 배성재는 트위터나 방송 프로그램, 혹은 경기 해설 중에도 서로에 대한 폭언(?)을 서슴지 않는 축구계의 라이벌 관계로 유명하다. 평소에는 좋은 친구 사이, 동료로 보이지만 알고 보면 서로에 대한 적지 않은 라이벌 의식이 잠재되어 있다고 하는데, 과연 이들은 어떠한 방식으로 그것을 드러내고 있을까.

  이들의 첫 번째 결전 무대는 바로 '풋볼매거진 골!'이다. 박문성과 배성재는 SBS의 미녀 아나운서 김민지 아나운서와 함께 풋볼매거진 골을 진행 중이다. 보통 스포츠 리뷰 프로그램은 딱딱한 분위기 속에서 진행 되어왔지만, 진행자들부터 PD까지 재치 있고 창의성 넘치는 인물들로 꾸려진'풋볼매거진 골'의 진행은 다른 프로그램들과는 다른 독창적인 방식으로 진행된다. 그 과정에서 박문성 위원과 배성재 캐스터 간의 '재미있는' 신경전도 발생된다. 그들의 동료인 김민지 아나운서는 평소에는 이들이 항상 말다툼을 할 만큼 사이가 좋은 관계가 아닐까 하는 생각을 가졌지만, 막상 실제로 가까이 만나보니 전혀 그렇지 않고 정말 사이가 안 좋다며 이들의 라이벌 관계를 확실하게 증명해 보이기도 했다.

  이들의 두 번째 결전 무대는 바로 해설이다. 피파온라인3의 해설 듀오로 꼽혔을 만큼, 이들의 해설 센스와 호흡, 팀워크는 축구팬들을 만족시킬 만큼 가히 최고라고 할 수 있다. 그러나 해설 중에도 불구하고 서로에 대한 시비나 인신

공격 등을 가끔 서슴지 않을 때도 있는데, 이들의 이러한 다툼은 보는 이들에게 재미를 만끽하게 해준다.

세 번째 결전 무대는 SNS 공간이다. 배성재 캐스터는 트위터와 페이스북, 박문성 위원은 트위터와 미투데이를 통해 팬들과의 소통을 활발히 진행한다. 그러나 축구 전문가와 축구 전문 캐스터라고 한다면 보통 축구와 관련된, 혹은 개인의 일상과 관련된 정보를 팬들과 많이 공유할 법도 하련만, 이들이 팬들과 공유하는 것은 라이벌에 대한 '디스(Dis)'가 거의 대부분을 차지한다. 일례로 박문성 위원은 경기 시작 30분 여를 앞두고, 자신의 트위터와 미투데이에 배성재 아나운서의 사진을 몰래 올려 외모를 비하하거나 평소 거만한 태도를 폭로(?)하는 내용을 올리는 것이 거의 일상이 되어가고 있고, 배성재 캐스터 역시 박문성 위원의 적지 않은 나이, 너무나도 교태를 부려 약간은 지친 듯한 목소리 등을 집요하게 놀리고 있다.

이렇듯 라이벌에 대한 디스와 조롱을 서슴지 않다 보니, 이제는 배성재 캐스터나 박문성 위원을 응원하는 팬들도 그 '싸움'에 가세하게 됐다. 평소 박문성 위원은 배성재 아나운서를 배거슨[17]이라는 별명을 붙여 조롱을 아끼지 않고 있고, 배성재 아나운서는 박문성 위원을 박펠레[18]라는 별명으로 조롱하며 SNS와 방송에서 치열하게 맞대결을 펼치고 있다.

---

17) 올드 트래포드 현장 중계를 갔을 때, 맨유 감독 석에서 껌을 씹으며 앉아 있는 모습이 너무 자연스러워(혹은 너무 거만스러워) 붙여진 별명
18) 항상 전문가로서 승부 예측을 시도하는데, 전부 다 틀린다는 뜻에서 유래

이들을 응원하는 팬들마저도 서로의 라이벌을 이와 같은 별명으로 칭하며 이들의 싸움에 대한 동조한다.

이렇듯 축구계의 또 다른 치열한 라이벌 관계를 형성하고 있는 박문성 위원과 배성재 아나운서는 자타공인 최고의 해설위원과 캐스터이다. 중계와 진행 듀오로서 팬들에게 만족스러운 재미를 선사해주는 이들이 펼치는 치열한 라이벌전은 팬들에게 선사해줄 수 있는 또 하나의 재미거리이다. 김민지 아나운서는 "새해엔 두 인물 모두 그만 화해하시고, 좀 친해지세요!!"라고 소리치지만, 필자도 어쩐지 이들의 라이벌 관계를 앞으로도 쭉 지켜보고 싶은 마음이다.

2. 피파 시리즈 vs 위닝일레븐 시리즈(pes 시리즈)

축구에 관심이 있는 팬들이라면 축구 게임에도 관심이 있게 마련이다. 지금까지 국내에는 수많은 축구 게임들이 오픈되었지만 아쉽게도 피파 시리즈와 위닝 시리즈의 독점에 의해 많은 축구 게임들이 경쟁에서 밀려 역사 속으로 사라졌다.[19]

이렇듯 축구 게임계에서는 압도적인 점유율을 자랑하고 있는 피파 시리즈와 위닝 시리즈는 오랜 역사만큼, 고유의 마니아층을 두텁게 형성하고 있는 것이 특징이다. 최근에는 그 치열함이 조금은 덜해진 듯싶지만 예전에는 흔히 '피파빠'와 '위닝빠'로 나뉘어 서로의 팬들이 치열한 대립 구조를 이어오기도 했었다.

사실 국제적인 인기는 압도적으로 피파가 더 많은 편이다. 피파의 제작사인 EA가 상대적으로 더 큰 회사이고, 피파 시리즈가 일본에서 나온 위닝일레븐보다 훨씬 더 국제적인 트렌드를 잘 읽어 유저들의 바람과 희망을 더 잘 맞춰준다는 점 등이 그 이유이다.

피파 시리즈는 1994년 제작된 '피파 인터내셔널 사커'를 시작으로 매년 새로운 타이틀을 발매하고 있다. 특히 매시리즈마다 EA의 강력한 자본과 폭넓은 라이센스 확보를 통해 같은 피파 시리즈만의 고유한 특징을 선보이고 있다. 피파 시리즈는, 또한, 98년 프랑스 월드컵 때부터 월드컵을 위주로 제작한 월드컵 특집 타이틀을 매 대회마다 발매했다. '월드컵 98'과 '피파 월드컵 2002', '피파 월드컵 2006' 등이 바로 그 예이다. 월드컵 특집 타이틀은 경쟁사인 위닝일레븐에서도 제작한 바 있지만, 압도적인 라이센스와 투자에 힘입은 피파 시리즈가 매번 월드컵 특집 타이틀 때마다 압승을 거뒀다.

---

19) FM이나 피파 매니저는 축구 매니저 시뮬레이션 장르의 게임이므로, 이 글에서는 비교하지 않는다.

반면 위닝 시리즈는 초기까지만 해도 소수의 마니아층만을 형성하고 있는 게임으로 알려져 있었다. 최근에는 대중화가 이루어져 많은 축구 팬들이 위닝일레븐 시리즈를 알고 있지만, 예전까지만 해도 위닝 시리즈는 소수의 마니아층만이 찾고 즐기는, 피파 시리즈에 비해서는 '마이너게임'으로 인식됐다. 그렇지만 위닝 시리즈가 고유의 팬들을 형성할 수 있었던 가장 큰 이유는 바로 게임이 '현실적' 이라는 점이었다. 피파 시리즈가 화려하고 시원시원한 재미로 아케이드 성을 추구했다면, 위닝 시리즈는 피파 시리즈만큼의 볼거리와 화려함을 포기하는 대신 현실성을 추구한 것이다.

 위닝 시리즈의 첫 출발은 1995년 'J리그 위닝 일레븐'을 통해서부터였다. 일부 팬들은 이전부터 코나미가 제작하고 있던 축구 게임의 시리즈들도 위닝 일레븐 시리즈에 포함시켜야 되는 것이 아니냐는 의견을 제기하기도 했지만, 공식적인 위닝 일레븐 시리즈의 시작은 바로 J리그 위닝 일레븐이었다. 이후 위닝 일레븐 시리즈도 매년마다 다양한 타이틀을 발매하며, 소수의 마니아층을 비롯한 팬들을 상대로 인기몰이를 해나갔다.

 과거의 흐름은 피파 시리즈는 아케이드, 위닝 시리즈는 현실성을 추구하는 것이 추세였다. 그러나 차세대 기기인 PS3로 넘어오면서 두 게임의 입장은 확연히 달라졌다. 아케이드성 게임이라는 비난을 받아왔던 피파 시리즈는 PS3 이후부터 현실적인 요소까지 가미하며 '완벽한'게임이 됐다. 반면 위닝 시리즈는 PS3 이후 기존에 위닝 시리즈가 가지고 있던 손맛과 매력 등의 요소를 완전히 상실했을 뿐만 아니라 그나마 가장 큰 특징이었던 현실성마저도 피파 시리즈에 뒤처지게 되어 유저들에게 실망을 안겨주고 말았다.

두 작품 모두 2014년 타이틀 발매를 기다리고 있지만 이번에도 피파 시리즈의 압승이 예고되는데, 위닝 시리즈가 PS3로 넘어온 이후부터 유독 게임 자체를 발전시키려는 노력과 시도에서 소극적인 태도를 보여 왔기 때문이다. 이 때문에 위닝 시리즈는 기존에 가지고 있던 마니아층마저도 상당수 잃게 되면서 큰 타격을 입게 되었다.[20]

두 게임은 이제 국내 온라인 시장도 본격적으로 공략하기 시작했다. 피파 시리즈는 이미 우리에게 잘 알려져 있듯이 '피파온라인 1'과 '피파온라인 2'를 거쳐 이미 '피파온라인 3'을 운영 중이고, 위닝 시리즈도 2012년 말 '위닝 일레븐 온라인'을 서비스하기 시작했다. 그러나 위닝 일레븐 온라인이 기존의 위닝 시리즈를 완벽하게 온라인화하는데 실패하면서 유저들도 등을 돌리는 게임으로 전락했다. 결국 기대됐던 두 게임간의 경쟁구도는 피파온라인 3의 압승으로 끝이 났다.

비록 최근에는 피파 시리즈가 위닝 시리즈보다 훨씬 더 유저들에게 높은 점수를 받는 흐름이 지속되고 있지만, 엎치락뒤치락 막상 막하의 행보를 보여 왔던 두 게임이기 때문에 앞으로는 과연 어느 게임의 우세가 지속될지 기대를 불러 모으고 있다. 두 게임 시리즈가 있어 축구팬들은 행복하다.

---

20) 물론 반대로 대중화에는 성공하면서 이전보다 더 나아졌다는 평도 적지 않다. (그러나 대중화는 어디까지나 인터넷이나 p2p의 발전의 흐름에 힘입었기 때문에 개인적으로는 위닝 시리즈의 힘이라고는 보지 않는다)

3. 기성용 vs 구자철

 이들을 Chapter2가 아닌 Chapter4에는 소개하는 이유는 무엇일까? 대한민국의 국가대표로서 많은 팬 층을 보유하고 있는 이 두 선수는 선수로서의 관계보다 트위터에서의 관계가 더욱 '라이벌'처럼 느껴지기 때문이다. 기성용과 구자철의 트위터에는 서로에 대한 디스로 넘쳐난다. 그 과정에서 여러 신조어들도 탄생했는데 '구자봉'이나 '쓰레기성용', '구글거림' 등이 바로 대표적인 예이다.

 이들의 자세한 트위터 전쟁 일대기는 생략하기로 한다. 하지만 언제든지 포털 사이트의 검색이나 직접 선수 본인의 트위터를 방문하는 방법만으로도 이들의 라이벌전을 한 눈에 살펴볼 수 있으니 직접 찾아보는 것도 재밌는 시간이 될 것이다.

 한편 기성용은 2013년 여름 한혜진과의 결혼 이후 그동안 많은 문제를 야기했던 자신의 SNS 계정을 모두 탈퇴했다. 하지만 그동안 감춰왔던 비공개 페이스북 계정과 계정에 게시된 내용의 논란으로 인해 많은 비난을 받았다. 라이벌로 평가된 구자철과 비교해보면 적어도 SNS 사용법과 멘탈 등에 있어선 구자철의 압승인 듯싶다. 하지만 이러한 사실로 인해 기성용에게 덤비다간 다칠 수도 있으니 각별히 주의하도록 하자.

4. 펠레 vs 발언 당사자

만약 펠레가 당신에게 "행복 하세요" 혹은 "오래 사세요"라는 발언을 남겼다면 기분이 어떨까? 뭐라 표현할 수 없는 찝찝함, 왠지 당장에 죽어버릴 것 같은 불안감에 휘말려 버릴지도 모른다. 펠레하면 떠오르는 키워드가 '세계를 제패한 최고의 축구 실력'보다, '뭐든지 말만 하면 반대로' 이루어지는 '펠레의 저주'가 먼저 떠오르게 되었으니 말이다.

우리야 펠레의 발언의 당사자가 될 가능성이 없으니 가끔 펠레가 남기는 발언을 우스꽝스럽게 넘기거나 남의 일로 취급할지도 모르겠다. 하지만 펠레 발언의 당사자가 될 수 있는 주요 축구 선수들의 심정은 불안함으로 가득하다. 이미 펠레의 '희생자'가 되어 멀쩡한 축구인생을 날려버린 선수들이나 팀들도 많았으니 당사자들의 입장에서는 펠레가 얼마나 원망스러울까? 물론 펠레의 입지와 권위 때문에 발언의 당사자들이 함부로 펠레의 이름을 입에 담아 공개적으로 불쾌한 심정을 드러낼 수는 없지만, 속으로는 원망스러운 심정이 가득할 것이다. 지금까지 펠레로 인해 피해를 본 대표적인 선수와 팀들을 소개한다.

우선 최근 들어 가장 많은 피해를 본 선수는 펠레의 모국, 브라질의 유망주인 네이마르였다. 네이마르를 최고의 선수라고 치켜세운 펠레의 발언과 동시에 네이마르의 상승세에도 제동이 걸리게 되었다. 이외에도 맨유의 공격수 치차리토는 맨유 입단 1년차에 좋은 활약을 보여줬음에도 불구, 펠레의 발언의 당사자가 되면서 2년차 때는 좋지 않은 폼으로 기대 이하의 활약을 보여주었고, 유로 2004때 최고의 유망주로 꼽혔던 웨인 루니 역시 펠레의 발언의 당사자가 됨과 동시에 부상을 당하면서 잉글랜드에게 8강전 탈락이라는 안타까운 눈물을 안겨주었다.

펠레 발언의 피해자는 선수들만 있었던 것이 아니었다. 펠레는 특정 선수에 대한 언급 못지않게 특정 대회의 우승

팀이나 이변을 일으킬 것으로 예상되는 팀에 대한 언급도 자주 했는데, 펠레 발언의 당사자가 된 팀들은 언제나 실망스런 결과를 거두게 되었다. 최초의 피해자는 1966 잉글랜드 월드컵에 출전한 브라질 국가대표였다. 당시 펠레는 "우리들은 우승을 하기 위해 이곳에 왔다"고 이야기 했는데, 그 대회에서 브라질은 조별 예선 탈락이라는 수모를 겪으며 월드컵 우승의 꿈을 일찌감치 접어야만 했다. 이후로도 펠레는 언론을 통해 대회에 참가하는 팀들에 대한 예언을 멈추지 않았고, 펠레에 의해 언급된 팀들은 예상과는 다른 굴욕을 겪어야만 했다. 펠레가 지금까지 언급한 팀과 선수들만 해도 너무 많아 자료를 모두 책에 담을 수 없을 정도다. 대한민국 역시 펠레의 발언에 의해 2002 한일 월드컵에선 결승 진출에 실패했고, 2006 독일 월드컵에선 16강 진출에 실패했다. 모두 펠레의 예측과는 반대로 된 결과였다.

이 정도의 오답률이라고 한다면 정말 펠레가 신의 버림을 받았거나 아니면 일부러 틀린 쪽을 예측한다거나 하는 쪽으로 판단의 무게가 실릴 수밖에 없다. 이러다 펠레가 축구계에 종사하는 모든 인물들과 라이벌 관계를 형성할지도 모르겠다. 이미 펠레는 펠레의 발언의 피해자가 된 당사자들 혹은 당사자 팀들과의 관계가 좋지 않은 것으로 유명하다. 과연 펠레가 자신의 저주를 통해 얼마나 많은 인물들과 라이벌 관계를 형성할 것인지 앞으로의 귀추가 주목된다.

5. 나이키 vs 아디다스

스포츠 의류계의 양대 산맥, 나이키와 아디다스는 두 말할 필요 없는 최고의 라이벌 관계이자 앙숙 관계이다. '스포츠 인텔리전스'에서 조사한 통계에 따르면, 유럽 축구 클럽들의 유니폼 판매량 상위 10개 클럽 중 나이키와 아디다스의 후원을 받는 클럽이 각각 5개 클럽들이었다고 하니 이들의 시장 점유율과 영향력, 브랜드 가치가 얼마나 엄청난 수준인지를 가늠할 수 있을 듯하다.

나이키와 아디다스는 모두 신발 사업부터 시작해 사업을 확장해 나갔다. 두 브랜드 중 먼저 사업을 시작한 브랜드는 아디다스였는데, 아디다스는 시작부터 자신들만의 혁신적인 기술을 세계 제일의 육상 선수들에게 후원하며 이름을 떨치기 시작했다. 반면 나이키는 아디다스와는 달리 초기에는 기존의 사업 규모만을 유지하며 잠잠한 흐름을 이어가는가 싶더니 세계 최고의 농구선수인 마이클 조던을 통해 급속한 유명세를 타게 되면서 세계적인 규모의 사업으로 키워나갔다. 이후 나이키와 아디다스는 스포츠 의류계의 시장 점유율을 독점하며 누구도 넘보지 못할 세계 제일의 스포츠 의류 회사로 성장했다.

나이키와 아디다스의 치열한 업계 라이벌 관계처럼, 두 브랜드 중 한 브랜드만을 선호하는 팬들 간의 신경전 및 설전 또한 제법 치열한 분위기를 띠고 있다. 실제로 축구를 좋아하는 사람들 중에서도 자신이 좋아하는 브랜드의 유니폼을 통해 그 팀을 응원하게 되었거나, 제3자의 경우에서 경기를 볼 때 자신이 좋아하는 브랜드의 팀을 응원하게 된다고 하는 만큼, 생각보다 브랜드라고 하는 개념 자체가 축구계에서 막대한 영향력을 지니고 있다. 이것만으로도 두 브랜드는 축구계를 구성하는 라이벌 중 하나로 조명 받을 만한 가치가 있다.

● 마치는 글

한국 축구에 더 많은 라이벌이 필요한 이유

(사진 제공 : 쑥덕기덕(@theyo30))

K리그 클래식 최고의 더비로 꼽히고 있는 FC서울과 수원 삼성 블루윙즈 간의 '슈퍼매치.' 매번 4만 명에 육박하는 관중들이 입장하여 바라보는 이들의 라이벌 의식은 언제나 큰 이슈가 된다.

사실 각 나라 최고의 더비라고 한다면 이 정도의 이목을 끄는 것은 어찌 보면 당연하다. 본문에서 언급한 다른 더비들도 모두 각국을 대표하는 최고 더비들인데, 모두 그 나라 리그에서 많은 이야깃거리와 관심을 불러 모으며 리그의 흥행과 발전에 막대한 영향을 끼치고 있다.

최고의 더비에는 갖가지의 라이벌 관계가 존재한다. 팀 자체의 라이벌 구도도 있지만, 대체적으로 라이벌 매치는 선수들 간의, 감독들 간의, 팬들 간의 얽히고설킨 라이벌 관계를 형성하고 있다. 라이벌 매치도 그 속에 녹아든 다양한 대립관계가 더없이 중요하다.

이렇듯 현대 축구에서 라이벌이라는 요소는 중요하다. 이젠 리그나 협회, 심지어 정부 차원에서까지 각국 최고의 더비들과 리그 전체에 있는 라이벌 관계들을 성장, 흥행시키기 위해 노력 중이다. 그렇다면 국내 축구에서의 라이벌의 중요성은 어떨까? 슈퍼매치 못지않은 열기와 경쟁 구도를 자랑하는 더비들이 더욱 더 다양하게 나와야 리그의 흥행과 발전에 기여를 할 수 있다. 뿐만 아니라 점점 열기를 더해가고 있는 '경인더비'나 '마계대전', '러비더비' 등과 같이 이미 기존에 존재하고 있던 라이벌 매치도 성장시킬 필요가 있다. 라이벌 매치 못지않게 선수들이나 감독들 등 여러 인물들 간의 쌓여지는 라이벌 관계 역시 빼놓을 수 없다. 특히 라이벌의 탄생 및 출현, 열기를 제대로 전달해야 할 언론의 역할 역시 무엇보다도 중요하다.

우리는 지금까지 이 책에서 수많은 팀, 국가, 선수, 감독, 그 외 주요 라이벌 관계에 대해 자세히 알아보았다. 한국 축구에 더 많은 라이벌이 필요한 이유도 현대 축구에서의 라이벌의 중요성과 그 맥락을 같이 한다. 팬들과 선수, 감독, 언론 등 축구계를 둘러싼 모두가 국내 축구의 중요한 라이벌 관계들을 키우고 그에 대해 조금 더 개방적인 태도를 지녀야만 K리그의 발전과 성장을 이룩해낼 수 있을 것이다.

한국 축구에 더 많은 라이벌이 필요한 이유, 라이벌의 중요성을 인식해야 경기장의 열기도 더욱 뜨거워질 수 있다.

2013년 6월
'풋볼스토리' 및 '축구에 관한 모든 것 - 라이벌 편'
저자 임형철.
stron1934.blog.me

Fin

⚽ 제작 협조 명단

제작 협조 명단은 Chapter 2, Chapter 3의 라이벌 관계를 추천 받았던 풋볼스토리 블로그 내 이벤트에 참가해 주신 분들 중, 책에 이름이 수록되는 것을 원하신 분들입니다.

마지막 표에 이름을 올리신 5분이 이벤트의 당첨자이십니다.

⚽ 배동재(toaanfdl88)	⚽ 남희곤(aids4497)	⚽ 배성진(bsj8806)
⚽ 정재헌(markgogo)	⚽ 도형우(dhw1020)	⚽ [더치거너스](jeffkim21)
⚽ 윤제웅(dolphins0512)	⚽ [리오넬 메시](gst147)	⚽ 이문주(pro2lis)
⚽ 우남규(dnskarb123)	⚽ 이정철(seezmflt)	⚽ [부끄러운장미](tmfrl4912)
⚽ 남성식(gksrmf2006)	⚽ axz4517	⚽ [제소라인](yongb73)
⚽ 김동근(rkdnlvy135)	⚽ 최동혁(airel3)	⚽ 박종훈(Kezman)

- 주영훈(wndudgns45)
- 원정연(wjddus0410)
- 김정혁(skt1532)
- 제민호(tnsehf6159)
- 최희영(chlgmldudwkd)
- 정지윤(wldbs266)
- 김창욱(im785)
- 최동준(cdj7059)
- 강태영(kk64627)

- 전성혁[까치]님 (j9s7h)
- 박지현[솜뱅]님 (jhyun1016)
- 김은석[Jake Livermore]님 (esk2558)
- 이창준[풋볼럭]님 (leeniesta)
- 박진경[In_Soul]님 (bakjk777)

※ 사진 제공에 협조해 주신 수원 삼성 블루윙즈, 포항 스틸러스, SBS 배성재 아나운서, 쑥덕기덕(@theyo30)님께 깊은 감사의 인사를 드립니다.